2021
健康地產
新趨勢

2021 健康地產 新趨勢

CONTENTS

自　序

　　面對健康地產，這個全球與台灣正在一起探索與前進的跨領域趨勢，我忽然想到 36 年前的那一刻——

　　36 年前，我正面臨人生的重要決定——我該不該投入房地產仲介這個領域，心裡左右徬徨的時候，忽然有一個念頭出現：與其坐在桌前空想，為什麼不走到街上去看看？

　　於是，沒有任何目的地，我走上街頭，去到不同的地方，去看不同的房子，去看房子裡不同的家庭，去看每個家庭裡不同的生活。

　　我看見在不同的時間，每個家庭的需要是不同的，早上趕著上班上學，中午冒出飯鍋打開的香氣，下午孩子回家，傍晚全家吃飯，就是這些不同時間的片段，構築了我們的人生，也拼湊出幸福的時光。

　　把時間拉長來看，在不同的人生階段中，每個家庭對於房子的需要也不相同，當房子在不同階段能符合家庭的需要，那個時光就是幸福。剛結婚時，能讓夫妻住得生活便利的家；孩子蹦蹦跳跳上學的時候，有個好學區的家；年長了以後，開門就有個大

公園的家……。能在不同的階段找到適合的房子，一天一天的累積著幸福，從事這樣的工作，幫家人們找到幸福的所在，我覺得很有價值，也很有意義，於是我下定決心投入這個行業，一轉眼就是 36 年，直到如今。

　　36 年了，當年剛成家的小伙子，現在也到了退休的年齡了，看著這些家人們在人生的不同階段繼續前進著，看到他們的家人也成家立業，我時常會想，當年服務過的家人們，當他們退休了，邁入另一個階段了，終於可以享受人生的時候，不知道他們現在過得好不好，有沒有住在能讓他們幸福的房子裡？

　　我想到 36 年前觀察這個城市的經歷，我去過很多地方，我記起曾經去過位於新北市的一個安養中心，在那裡待了很久，看著在那裡生活的長輩，那時候我在想：當我們老了以後，應該需要什麼樣的房子？什麼樣的照顧？

　　那個 36 年前的思索瞬間與 36 年後寫序的此刻連結在一起，彷彿這 36 年的時間都是為了找到答案而向前邁進的步伐，這 36 年來，台灣的建築觀念經歷了許多次的蛻變，我們經歷了第一波

以至第五波的住宅演進；我們也經歷了成家、立業、孩子長大，人生邁向成熟的階段，我們更進入了歷史上醫療、生技、科技最先進的年代。於是我在想，36 年後的此刻，我親愛的家人們到了退休可以享受人生的時候，適合他們的房子是什麼？在哪裡？我們準備好了嗎？

我急切的想要為家人們找到答案，於是我再度向前走，只是這次不只走在台灣，我們也走向海外參訪，為的是能找到能讓幸福持續的答案。

尋找答案的過程形成了這本書，找到的答案就是我想要透過本書與朋友們分享的主題——健康地產，從國內外的趨勢，從供給到需求，從人口金字塔的變化，從醫療與科技的演進，我可以非常確定的說：「健康地產的世紀來了！」

寫書的過程讓我學習到更多有關健康地產的新知，在這個學習的歷程上，有太多人值得我獻上感謝：感謝國內知名建築師聶所長玉璞先生，在探索台灣如何創建出第一個國際級的高端健康

地產時，我們還一起前往日本考察，要看看這個亞洲樂齡大國把健康地產做到多先進。從建築師的角度，他給了我很多專業的洞見，我們甚至一起走遍北台灣無數塊土地，從基地規模、空氣環境和景觀視野，用最嚴格的那把尺，一絲不苟的嚴謹裁量。

健康地產不僅有豪宅的景觀植樹，更有園藝療癒的規劃——醫學證實園藝療癒對緩和失智有正面幫助，所以我們也從台灣首屈一指的園藝療癒專家——台灣綠色療癒學院沈院長瑞琳身上學到很多，看到她對各式植物草花的了解、善用，感到欽佩！

除了在基地環境得天獨厚之外，健康地產的服務也很重要，而這個服務是一個多元專業的結合，需要非常多各領域的專業人士共同投入，我要謝謝為本書寫專欄的日本抗失智醫師山內美奈、在約翰霍普金斯大學研究高齡醫學的燕彬，以及具有多年長照經驗的資深護理長凡欣的參與，他們專業知識豐富，熱忱敬業，對時代有使命感，他們的活力讓我感到：健康地產的新時代正在開啟，而在這個健康地產來臨的新時代中，台灣這片土地一定能夠發出璀璨的亮光。

引　文

The first wealth is health.

健康是人生最優先的財富。

～ Ralph Waldo Emerson 愛默生　美國思想家

　　極富智慧的愛默生把人生看得很明白，愛默生沒有說健康是人生「最大」的財富，但他用了「first」這個字（第一大的，強調優先順序的）表彰健康與財富之間的次序關係。一個人的人生，前半場往往在追求財富，到了後半場才開始追求健康。在前半場擁有健康的時候，往往沒有很珍惜，總覺得財富比健康重要；到後半場財富在手了，才發現人生若失去了健康，再富有也是枉然。每個人都想要追求人生的豐富甜美，而人生中最優先的，也是第一大的財富，就是健康！

　　對於個人來說，追求財富是一種進步的動力；如果放大到總體經濟的層面來看，在每一個世代，都有一個帶動世界進步的動力，我們通常以「經濟」（力量）稱之。從二次大戰之後，百廢待舉的世界進入了「製造經濟」的時代，工業製造成為帶動世界

進步的主要力量，「客廳即工廠」成為台灣經濟起飛的指標。接下來，「數位經濟」的時代來臨，數位化科技接下了製造業的棒子，成為引領世界進步的主要力量，台灣也一度在時代的機遇中成為資通訊（ICT）大國。站在時代的軸線上看未來，當全球景氣低迷，經濟看不到令人興奮的前景，下一個能夠與製造業、科技業等量齊觀，能夠帶動全球（與台灣）一起進步，再創一個新經濟時代的產業是什麼？

沒有任何一刻如同現在，答案讓我們看得如此清楚，毫無疑問的，「製造經濟」、「數位經濟」之後，未來是一個「健康經濟」的時代，「健康地產」也將需求若渴。

正如製造需要工廠，數位需要 Data Center，健康經濟對於「健康地產」的需求，比以往的經濟型態更為迫切，工廠製造出來的商品需要通路才能銷售到消費者手上，資料庫裡的數位訊息需要手機作載具才能傳遞給使用者；但是健康地產最獨特地方在於，它既是消費者產生需求的地方，也是產業提供服務的地方，更是需求與供給交會的地方。我們可以說，健康地產是健康經濟的發

動機，是健康產業所有創新與服務的核心。

這一切，還是要從戰後嬰兒潮談起。

因為與嬰兒潮世代密不可分的原因在於，不管是製造經濟，或者是數位經濟的時代，整個世界的榮景都是由嬰兒潮世代創造出來的。這個世代是人類歷史上創造最多財富的世代，也是得到最高教育程度的世代，這個世代也是力行全球化的國際世代。這個世代有傑出的科學家、企業家、醫師、教育工作者，他們對於世界擁有極大的影響力，就在他們的影響（以及決策）之下，基因科學、智慧醫療、物聯網、大數據、精準醫療、生物科技等影響未來的研究與商品化正如火如荼的開展。按照麻省理工學院年齡實驗室（MIT AgeLab）創辦人暨主持人柯佛林（Joseph F. Coughlin）的說法，「……全球各地的嬰兒潮世代，將是接下來數十年的重點議題。……嬰兒潮在過去 70 年間呼風喚雨，他們要求什麼，就會得到什麼。」

換句話說，過去 70 年，這個世界的樣貌是由嬰兒潮世代按照

他們的需求打造出來的，那麼接下來呢？掌握了絕大部分的財富與影響力的嬰兒潮世代，他們共同的需求是什麼？

顯而易見，他們最需要的就是健康。1946 年是歷史上劃分嬰兒潮世代起始的一年，台灣的嬰兒潮比美國晚了 5 年，從 1951 年開始出生率顯著的攀升，到了 2021 年，最年長的嬰兒潮世代已經70 ～ 75 歲，對他們而言，健康的需求已經遠遠優先於其他一切，而他們也是注重品質、在意服務、擁有先進觀念、相信科技可以讓世界更好的世代。健康地產必然興起的原因，在於這與他們往後 10 年 20 年的生活息息相關，他們對於居住環境與品質的重視，讓他們不會甘於過去養老院的窠臼，他們對於健康促進的新觀念，讓他們確信健康地產是匯集所有健康服務與智慧醫療的基地，是健康經濟能夠持續發展的基礎。因此，他們的集體需求會讓更人性、更先進、更智慧的健康地產，以全新的面貌刷新我們的眼界。

在勤業眾信的「2020 醫療照護產業展望」報告書中，讓我們看見健康地產正以各具特色的型態，在全球遍地開花與快速發展。

阿姆斯特丹的 Amstelhuis-Living Lab 是一個專門為年長者打造的健康地產，它是一個社群型的住宅，這裡的照護團隊特別重視如何以符合個人體能的運動方式，來預防跌倒以及其後遺症的發生。從體能與運動出發，他們關注的重點同時涵蓋了體重管理、食物以及營養的攝取。英國也有「健康新城區」計畫，則是由英國健保局結合 10 個新建住宅區，來打造一個適合年長者居住的健康生活環境，他們關注的重點包括住宅區是否有新鮮的空氣，生活與運動的街道是否安全，進而創造一個健康的生活模式。美國著名的健康社區醫院系統 Geisinger 更是將服務推向了醫院之外，他們在 2017 年推出了一個「新鮮食品藥房」計畫，對於糖尿病患者來說，與其採取長期藥物控制，不如服膺「食物即良藥」（Food is Medicine）的健康理念，由醫師為高風險患者尋找新鮮、健康的食品，為他們調配飲食，這些人不需要進入醫院，就可以從藥房的食物銀行得到餐食、食譜，以及如何以飲食管理健康的教育資源。

健康地產將讓未來的「醫療與照護」產業呈現出迥異於過去

　的全新面貌，醫療照護的重點將挪向健康促進，而非治療疾病。最明顯的差別在於，人們想要得到專業的醫療照護，現今的場域是醫院，而未來會發生在健康地產裡面。在醫院裡的醫療與照護重心是疾病的治療，而健康地產的重心則是疾病的預防。

　　從醫療技術最先進的美國來看，2017 年全美用於醫療照護支出的總費用超過 3.5 兆美元，住院的患者有 80％是因為一種以上的慢性病需要治療，包括心臟病、癌症、糖尿病等等。而且根據縱向的追蹤調查，美國慢性病罹患人數高達 1.33 億，並且這個數字還在穩定的逐年成長。這樣的數據讓專家們看見一個問題，現今的醫療照護邏輯無法遏止或減少慢性病罹患人數，表示目前的醫療邏輯上出現了漏洞。問題的癥結在於，會進入醫院尋求醫療照護服務時，都是已經確認罹患疾病的階段，而慢性病通常是不可逆的，等到病症出現，患者上門求醫時，疾病的預防知識完全派不上用場，醫師們能給予的幫助就只有被動採取治療手段而已。

　　當然，所有讀者都知道，醫療照護的重點應該在維持健康，

盡早發現可能引發疾病的風險因子（不管是生活習慣、飲食或是居住環境），並將其排除，在罹病之前先採取有效與必要的預防措施，這不但可以提升個人的生命品質，降低醫師與醫院的負荷，還能夠有效減少健保支出。但是，把所有維持健康的重責大任，都交在醫療資源與資訊最弱勢的個人與家人身上，這很明顯不是一個明智的作法，醫療水準首屈一指的美國，慢性病罹患人數仍然逐年增加，就是最好的例證。我們很難要求每一個不是醫療專業的個人有足夠的知識去面對醫院系統、藥品與營養補充品、醫療器材與輔具，以及醫療保險這種種尚未連結起來的構面，並且還要在其中找到健康促進之道。

因此，面對茫茫資訊中的諸多盲點，健康地產成為當代最好的解決方案之一。舉例來說，透過健康地產的專業建置，運用感應裝置與醫療物聯網，可以取得每個人即時（最新的）以及常時（連續性的）的身體數據，讓每個人都能確實掌握自己的健康狀況，並且了解如何讓自己更健康。健康地產為住戶所收集的健康數據，幫助了醫療 4P 的發展，包括疾病發生前的「預測性」

（Predictive）、針對家族疾病的「預防性」（Preventive）、調整生活習慣成效的「個人化」（Personalized），以及對自身健康具有足夠認知，能夠與醫師共同決定最好解決方案的「參與性」（Participatory）。

這些收集完整的身體數據，對於醫師來說能夠將不確定性降到最低，提供最精準的處方來優化治療效果，這不僅帶來了臨床效率的提升，並且對於個人來說，他的健康品質也能隨時確保在最佳的狀態。健康地產所帶來的還有模式的改變，從人（醫療照護需求者與供給者）、數據（醫療前後的量化改善效果）、醫療服務（有效維持健康的關鍵技術投入）的全新整合，過去以醫院為主的疾病治療模式將轉變為以個人為主的健康促進模式，醫療照護的重心也將由醫師轉移到個人身上，這也成為新時代健康經濟的發展遠景。研究顯示，20 年後，癌症、慢性阻塞型肺病與第二型糖尿病很有可能被這種新的健康模式攻克，不再是讓人束手無策的疾病。

健康地產所帶來的改變，還包括健康社群的形成。什麼因素

最直接影響個人的健康狀況？過去的答案可能是醫療照護機構的品質，但是越來越多的例證讓我們看見，可能對健康更有影響力的是「健康社群」。過去由於醫療照護具有地區的交通侷限性，因此過去傳統的觀念認為，要找一個地方健康養老，是附近有沒有醫院，但是許多研究指出，影響健康問題發生時，有80％與醫療機構並沒有直接相關（因為直到疾病發生了，醫院才能派得上用場）。實證中發現，居住環境、飲食、運動與社群連結，才是決定人是否健康的關鍵，預防疾病比解決疾病，更具前瞻思維，且可減少醫療資源的耗損。

大健康地產裡的住民與照護團隊，能夠結合成一個包含線上與線下的社群，社群裡的夥伴對於彼此的健康都能帶來良性影響。我們都知道運動是維持健康的關鍵因素，有一個研究發現儘管運動量相同，但是有同伴一起與單獨運動相比，在生理、心理、情緒方面都有比較好的效果。這讓我們看見社群在生活中的共同目標，能夠帶來持之以恆、分享甘苦、彼此勉勵的行為，這對於心理與認知健康方面能夠帶來長久的助益。

　　勤業眾信也在「醫療科技與醫療物聯網」的統計中發現，2015 年，全球醫療照護支出達到 7.1 兆美元，到了 2020 年將提高到 8.7 兆美元，這個沉重的支出每年增長 4.2%，主要原因是高齡化的人越來越多，但這些愈來愈長壽的人們並不健康，他們的病症造成了自己的負擔，以及龐大的支出。如果不能徹底轉型，許多國家的健保制度將面臨崩塌的風險。因此，不管是能活得更健康的個體角度，或醫療照護產業向上提升的總體角度，健康地產都肩負了一個重要的任務，就是要形塑一個「價值導向的醫療照護」（VBC, Value-Based Care），迎來健康經濟的全新時代。

　　在健康地產這個趨勢上，日本由於人口老化比世界大多數國家來得早，因此已經具有很成熟的發展經驗。日本有許多非常具有品質的健康地產，以比較高的價格提供消費者更高端的服務。首先，他們在地點上很用心，有些是交通便利，有些是周邊環境適宜養生；他們會有寬敞明亮的公共空間，甚至連溫泉風呂設施都一應俱全；在餐食上也不馬虎，他們會提供營養均衡、食材嚴選的時蔬作為每日攝取的營養來源；有些還有療癒系列的園林規

劃，讓住戶隨時在走出房門後，容易親近自然；當然為了讓住戶們形成健康社群，也需要安排多元的課程與活動；專業的醫護團隊各司其職，提供隨需而醫的醫療服務。

在一切都以高品質作為服務標準的健康地產，收費自然也是高價位。高檔的健康地產入住保證金要 7,000 萬至 1.2 億日圓左右（約新台幣 2,300 萬至 4,600 萬），每月還要另交生活管理費 14 ～ 30 萬日圓（約新台幣 4 萬多至 10 萬多）不等。

在健康地產方面的發展，台灣充滿著機會，首先因為台灣擁有豐富經驗、高品質的醫療資源，能夠在未來的醫療照護專業上提供專業的服務；另外在智慧醫療、照護物聯網方面，當全球還在同步學習摸索的時候，台灣的資通訊產業發展經驗能夠提供一個有利的基礎；而台灣的健保非常親民，民眾經常性的使用，並且能夠提供 25 年來的整體醫療大數據。因此向前看台灣的健康地產發展，不但能夠具備很快的進步速度，並且能夠提供比日本與其他先進國家環境更好、服務更好的新典範，進而帶動台灣新一波的建築專業進化與服務升級。

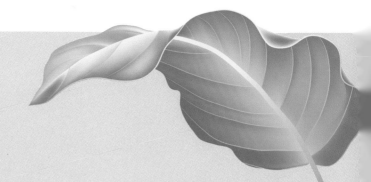

CHAPTER 1

健 康 地 產
興 起

健康是開啟成熟人生下半場的鑰匙，

不同的世代面對不同的社會環境，

對於理想生活的定義有所不同，

對住所的期待亦不同。

台灣住宅發展一至五波的演進，

凸顯出一個明確的趨勢：從熟齡，到全齡，

一個能讓你活得愈來愈健康的地方，

將會是愈來愈多人的心之所嚮。

少子化與高齡化下的
趨勢需求

　　台灣或是全球，在不同的時代，有不同的社會需求，不動產市場的供給就會相應著產生不同的需求。當這個能量大到足以影響整個不動產市場趨勢的時候，我們就會看到一波地產浪潮的風起雲湧。例如20年前豪宅的興起就是一波地產浪潮，10年前Urban Living（台北市的衛星區域，例如三峽、林口、淡水、青埔的移居）也是一波地產浪潮。而近年來，受到經濟環境及少子化的影響，適合小家庭居住的小坪數、低總價住宅，則成為新一波地產浪潮。

　　觀察每一波地產浪潮的興起，我們可以歸納出一個現象，不動產市場受到消費者需求的連動，不管經濟好或經濟不好，有實質需求的人就是要買房。從過去的經驗看，當有相同需求的人愈來愈多，他們的購買力匯聚起來，就足以興起一波新的地產浪潮。而在2021年的不動產市場上，我們將迎來一個新型態地產需求的時代，這種新的型態就是健康地產。未來這種養生、溫泉、餐飲、醫學、護理五合一的健康地產，將透過跨領域、多功能的連結，創造出一波台灣房地產需求的新浪潮，帶動台灣新一波的建築進化。

　　健康地產不能算是剛開始的需求，因為這波浪潮的

能量已經匯聚等待許久，但重要的是從 2021 年開始，將以高成長率掛帥，因為需求產生消費，進而推升拉力，即將成為台灣不動產新一波動能的需求主流。

　　分析 2021 年是否是健康地產正式崛起的一年？在市場上，任何一種地產形態能否成為主流，最重要的就是看消費者的需求是否強勁。從台灣人口特徵的變化，就可以看見健康地產興起的主要原因。

2025 年 台灣 65 歲以上人口將上看 500 萬

資料來源：國家發展委員會人口推估查詢系統

我們先掌握 2020 年的數字，根據 2020 年 8 月的人口統計，台灣 65 歲以上人口超越 377 萬人，占全台總人口數的 16.03％，到了 2021 年，65 歲以上人口將上看 400 萬人，至 2025 年，也就是短短 5 年內，65 歲以上人口將上看 500 萬人。一個達到 500 萬人的族群是不容忽視的，因為他們不僅有消費能力，並且有消費意願，讓他們過得更好、更安全、更有尊嚴。這種人數激增的爆發力將擴大健康地產的相關需求，因為他們正處於人生中最在乎健康的階段，對於健康地產的需求勢將形成一股強大的拉力。

台灣對健康地產的需求，將愈趨快速

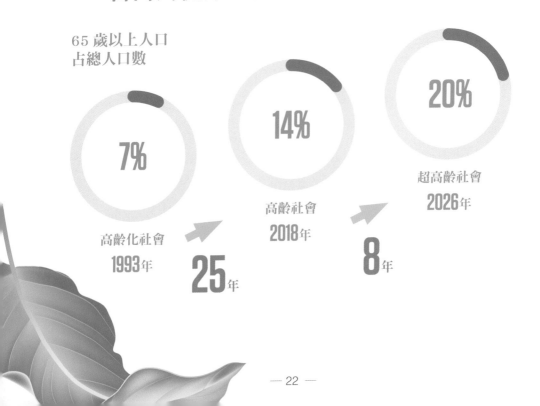

65 歲以上人口
占總人口數

7%
高齡化社會
1993年

25 年

14%
高齡社會
2018年

8 年

20%
超高齡社會
2026年

事實上，這個 500 萬人的族群仍在持續且快速的繼續擴大中，擴大的速度可以由高齡化社會以及超高齡社會的達成年限觀之。1993 年，台灣 65 歲以上人口超過總人口數的 7%，自此邁入了高齡化社會階段；到了 2018 年，65 歲以上人口達到 14%，台灣進入了高齡社會階段；預估在 2025 年，65 歲以上人口將首度突破 20%，台灣將邁入超高齡社會。

從高齡化社會邁入高齡社會，這個級距要增加 7% 的 65 歲以上人口（從 7% 到 14%），高齡社會到超高齡社會也差不多，要增加 6%（從 14% 到 20%）的 65 歲以上人口。台灣從高齡化社會進入高齡社會，花了 25 年，但是從高齡社會到超高齡社會，這個時間卻縮短為 7 年（2021 年正好位於 2018 ～ 2025 年的中間點）。這表示對於健康地產有需求的消費者會愈來愈多，並且這個族群人數增加的速度將會一年比一年更快。

OPINION

高齡化與少子化雖然是世界諸多先進國家共同面臨的問題，但是若老化速度不快，則每個國家都還有充裕的時間因應。而日本如新幹線般「高速」形成的高齡化與少子化，讓他們認知到這是一個必須及早做好準備的課題。（以目前人口變動數據來看，台灣的高齡化速度比日本更快。）

河合雅司所著《未來年表》一書，就是詳細依據人口統計進行 5 年、10 年、20 年的推估，來沙盤推演未來的日本將會出現什麼樣的改變。其中一項特徵在於，東京的人口將會比日本平均值更快速的老化（更多高齡者搬到東京養老），預計到了 2045 年，東京每 3 個人中就會有一個是高齡者。

而《未來年表》推估的情況已經在台北出現，台灣整體邁入超高齡社會的時間應該會落在 2025 年，而台北市在 2021 年，就已經率先突破超高齡社會標準。

《未來年表》給我們的唯一忠告，就是要及早意識，及早因應。

台灣生育率，在 2010 年已達全球最低

已開發國家　　　　　　發展中國家　　　　　　　台灣
1.6人　　　　　　　　**2.9**人　　　　　　　**0.94**人

（資料來源：聯合國）

少子化 讓健康地產成為趨勢需求

　　如果說台灣的高齡化趨勢造就了消費者對於健康地產的需求，那麼台灣的少子化現象則讓健康地產成為一種剛性需求。

　　根據聯合國統計，一般已開發國家的生育率（平均一對夫婦會生養的孩子數）為 1.6 人，發展中國家生育率為 2.9 人，而台灣在 2008 年的生育率就只有 1.06 人，到 2010 年甚至跌破 1，僅剩 0.94 人，為全球最低。2020 年台灣人口的出生率首度低於死亡率，進入人口負成長的階段。人口負成長，表示未來工作賺錢，承擔照顧父母責任的中間世代人數愈來愈少，而 65 歲以上人口卻在快速增加，形成「少子化」與「高齡化」都在加速的現象。

　　少子化，表示將來能夠照顧老人的年輕人愈來愈少；高齡化，表示將來需要被照顧的老人愈來愈多。若是台灣的高齡化與少子化速度不減，按照國發會的估算，2030 年

扶養上一代
年輕人壓力越趨沉重

2015 扶養比　　**5.9** 名青壯年負擔一名老人

2025 扶養比　**3.4** 名青壯年負擔一名老人

2065 扶養比

1.2 名青壯年負擔一名老人

台灣 65 歲以上人口將上達 560 萬人，老人增長幅度為 63.1％，到了 2065 年 65 歲以上人口將正式突破 700 萬人，增長幅度也會超過 100％，到那時老年人口將占總人口數的 41.2％；在此同時，少子化的衝擊讓幼年人口數持續下降，預估 2030 年將減少 12.1％，僅存 268 萬人，而到 2065 年將減少將近一半的孩童，幼年人口只剩 159 萬人。

少子化加上高齡化，將讓健康地產不僅是一種實質需求，而且還會成為一種剛性需求。從台灣人口結構變遷趨勢來看，未來的中間世代將愈來愈無力扶養上一代的老人。這點從「扶養比」的數字就可一窺全貌，2015 年，每一名老人有 5.9 個年輕人來扶養；2025 年則是每 3.4 個年輕人扶養 1 名老人；2065 年老年人口超過 4 成後，每一名老人平均只有 1.2 個年輕人負責扶養。而在台灣實質薪資所得倒退 16 年的經濟條件下，中間世代不但要撫養下一代，照顧上一代，還要顧自己的車貸、房貸，這對他們來說十分困難。因此，對於 65 歲以上世代來說，如何趁早選擇一個地方，能夠照顧好自己健康，讓自己與孩子都沒有後顧之憂，這就形成了健康地產的剛性需求。

健康地產的特性是什麼？

健康地產究竟是什麼？它和我們過去所熟悉的居住型態、環境、功能有什麼不同？把時間軸拉長來看，居住的進化，源自於居住者對於住宅的需要，當消費者對於住宅的要求以健康為優先的時候，健康地產從過去 10 年來的孕育與嘗

試，到 2021 年正式成為住宅第五波──指標性的新居住典型，符合了幾種目標族群共同健康需求的新面向。

　　這其中包含了醫療的「**照護**」，強調「**飯店**」式的服務，以及人選擇「**度假**」時的優質環境，這 3 個面向要整合在「高端」的標準之上，就形構了健康地產包含「養生」、「溫泉」、「餐飲」、「醫學」、「照護」的 5 大特性。為什麼包含了高端度假飯店型加上照護功能的健康地產，將成為住宅第五波的主流？鑑往知來，我們可以從消費者居住需求的進化歷程來看健康地產浪潮興起的重要原因。

　　住宅的型態源自人對居住的功能性需求，**住宅第一波**，最普遍的就是一層樓平房。早年人們對於居住的需求非常簡單，就是有一個能夠遮風避雨，與家人睡覺吃飯的地方，這個需求層級屬於最基礎的基本需求與安全需求。

　　住宅第二波的代表性建築，就是 5 層樓公寓。住進公寓的時候，人們已經開始希望搬進好一點的地段，為他的生活帶來便利，所以為此不介意爬樓梯住在 2 樓或 3 樓。在這個階段人們已經意識到環境與生活的關係，好一點的地段意味著比較好的生活機能、比較方便的交通、比較優良的社區環境，我們所謂蛋白區、蛋黃區的觀念，也在這個階段逐漸形成。

　　從住宅第二波的演變我們可以看見，人對居住的需求不只是住宅本身，住宅所在的環境是否能夠滿足他的需求，亦被人們所看重。因此，當人們的需求轉向健康的時候，下一波健康地產所

在的環境，就必須是一個能夠提供健康需求的環境。

進入**住宅第三波**，有電梯的華廈成為主流。在相同的地段，人們會覺得華廈的價值高過公寓，因為它有比較大的空間，有電梯讓人的生活更舒適方便，有比較好的建築品質讓人覺得比公寓有價值。華廈的價格也擺脫了地段的均價開始向上攀升，這顯示出人們的購買決策，在相同的地段，因為華廈擁有更好的空間、功能性與建築品質，所以消費者願意用較高的價錢來購置。

住宅第四波 服務讓豪宅 M 型加值

居住形態繼續演進至**住宅第四波**，豪宅成為現今住宅的代表。承繼了華廈的發展特色，消費者對於豪宅的要求是要建築品質更高、大廳要氣派、功能要更完整，公設要更豐富，室內空間也要更大。

除此之外，對於住宅的需求也繼續升級，豪宅呈現出現今消費者需求的 3 個特色，一是建材、一是公設，一是服務。愈是高檔的豪宅，愈強調用了多大的空間做出住戶享有的公共設施。這些設施的存在反映了一件事，良好的生活型態不僅在自己的室內空間，公共空間是否提供足夠的功能滿足生活所需，成為居住品質良窳的理想標準。

另外，第四波豪宅與第三波華廈在本質上的不同，在於豪宅是一個導入服務的居住型態，這個服務讓住宅的價值呈現出不同的躍升，即使位於同一個地段，豪宅與旁邊的

5 波住宅浪潮
5 種居住思潮

好的建築品質
功能性強
有電梯

好地段
好的生活機能
交通便利
優良的社區環境

基本需求
安全需求

功能更完整
建築品質更高
公設更豐富
室內空間更大
導入服務

度假般的優質環境
飯店式的服務
隨需而醫的醫療照護
著重功能整合

第一波住宅
一層樓
平房

第二波住宅
5層樓
公寓

第三波住宅
華廈

第四波住宅
豪宅

第五波住宅
高端度假
飯店型
照護住宅

第五波健康地產將超越豪宅的舒適與關懷。

華廈價格就呈現 M 型化的差別。這顯示居住型態發展至第四波，市場已經驗證―「服務」是居住質感裡不可或缺的一個要素。

台灣第一個豪宅代表建案「帝寶」推出至今已超過 15 年，當時 15 歲的孩子如今已經 30 歲，到了成家立業的年紀。每一個 15 年都是家庭空間需求改變的時刻，而現在，台灣新一波家庭空間需求改變的浪潮，也正在悄悄進行中。

從今年開始，**健康將成為第五波住宅的核心概念**，著重的是它能否讓住的人更健康。因此要論述健康地產的進化定義，得集合它不可少的幾項特質，我們可以將其稱為「高端度假飯店型照護住宅」，而這將會演繹成未來居住思潮的新

主流。

創造度假飯店型的照護型態

　　健康地產其中的一個特色，就是它必須讓居住者感受到與度假飯店相同的服務特質，這可以從人與環境兩方面來說。首先，度假時的生活型態與心理狀態，是我們身體自發性的，最接近健康的生活型態。為什麼現代人的生活裡，度假變得不可或缺？因為我們在職場工作多年，歷經人生職涯各個階段後，已經承擔了上半場許許多多的壓力，一直從身體提取健康來應付工作上的無窮需要，好不容易身體有時間度假了，我們做的第一件事就是放鬆下來，把步調放慢，把工作壓力拋在腦後，讓身心能夠真正的休息。

　　這樣的度假，對我們身體的健康存摺來說是一個迅速的回補。人不是工作的機器，在職場上當然應該追求效率，創造卓越，但是下了班回到家或者退休後，人應該回到一種放鬆的狀態，身心才能平衡，才不會讓積累多時的文明病、心因性疾病、慢性病纏身。而我們目前的住宅，在擁擠的都市中，並沒有這樣的自然環境，亦沒辦法把這樣的氛圍帶給我們。

　　為什麼度假飯店能夠帶出我們身體的自覺，讓我們自然回到一個為健康充電的起居狀態？美好的景致與自然所散發的能量是一個很大的因素。環境能不能提供人們需要的自然能量，讓我們的健康能夠 30 年、40 年、50 年的維持下去？這對健康地產來說，

健康餐飲、營養諮詢提升餐飲內涵。

是非常重要的關鍵議題，也因此，健康地產的選址環境非常重要。

健康環境為最高指導原則

　　以健康的觀點來說，健康地產是一種超越豪宅的層次，因為豪宅雖然可以讓你住得舒適，卻可能面臨一些影響身體健康的問題，住在市區裡，我們仍然要面對交通廢氣、工業廢氣、冷氣排放出來的二氧化碳，大量的 PM2.5，長久下來，對身體健康的負擔是不容被忽視的。

　　對於健康地產來說，居住環境是非常重要的，以空氣為例，居住的地方必須隨時提供鮮氧好空氣，讓我們可以隨時放心打開窗戶與外界通風，讓經過紫外線照射殺菌的新鮮空氣進來，也把健康所需的負離子、芬多精帶進來，讓你在家

呼吸的每一口空氣都是健康。而這樣的空氣品
質，是市區內的建築物所缺乏的健康條件。

預防醫學為後盾 照護讓服務更加值

除了自然環境要好，服務與照護必須到位。健康地產的建築
強調更符合住戶需要的服務，除了以頂級飯店服務超越豪宅之外，
更重要的是醫療「照護」服務的導入。要讓每一個住戶愈來愈健
康，依憑的除了自然環境的優勢，還要將醫療服務導入建築，達
到「隨需而醫」的目標。健康地產的建築必須在軟體和硬體的先
期規劃上，就納含了國際主流的前瞻概念—預防醫學，提供給住
戶一種整合式的醫療加照護服務。

好的健康地產將整合環境、空氣、溫泉、醫療照護、AI 智慧、
療癒園林和有機餐飲，以達健康莊園的理想。

黃帝內經所載的「下醫治已病」，就是我們現行主流的治療醫學，當疾病發生了，對健康的干擾已經達到不容忽視的地步時，我們就會拿著健保卡去醫院掛號看醫生，這是在疾病發生了以後才採取的醫療或補救措施。而「中醫治欲病」所指的階段，通常是我們對健康的盲點區域，當我們在健康指數每況愈下，到疾病確實發生之前的亞健康階段，有沒有專業的醫療團隊能夠為你提出預警與關心，並提出有效的解決方案？對於維持健康而言，「欲病」階段的處理比「已病」階段的處理，更為重要。

隨需而醫 輕鬆達成自我健康管理

上醫治未病，好的健康地產強調醫、養、照結合，照護理念就是「隨需而醫」，專業醫療的豐富經驗與醫學知識是健康地產居住者 24 小時擁有的健康資源，當你有需要的時候，他就在你身邊，這可以讓個人的健康品質大幅提升。

健康地產能夠超越豪宅，不是只在於單一條件的優勢，高端度假飯店型照護宅的超越來自於整合的力量，一個好的健康地產應該整合環境、空氣、溫泉、醫療照護、AI 智慧、療癒園林和有機餐飲，共譜出一個健康莊園的理想，讓「已病」、「欲病」、「未病」的亞健康狀態遠離，邁入人生下階段的時候，能夠擁有完善的健康資源──就是「環境」。

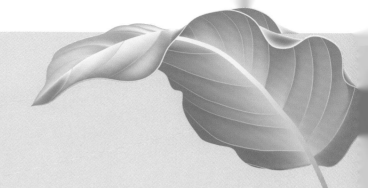

CHAPTER 2

現 行 長 照 的
壓 力

健康地產與其他類型地產最大的不同，

在於健康地產將帶來一種新的健康生活型態。

當台灣邁入高齡社會，

健康便成為廣大高齡族群的所需，

而健康地產的服務，

也將成為減少長照壓力的一帖良方。

老舊建築 隔代生活
子女兩頭燒

　　健康地產的浪潮將在台灣興起，有一個很直觀的原因，那就是目前所有的長照模式，幾乎都遇到了壓力。長照的壓力是一個國安層級的勞動力難題，沒有處理好，不只對個人，對家庭，對於整個國家都會產生很巨大的影響。並且不只台灣，全球進入高齡社會的國家，都面臨相同的壓力。

　　這個壓力會出現的主要原因，就是因為過去我們對於健康沒有一個完整的想法，對於如何規劃一個促進健康的生活沒有具體的藍圖。不管是居家照護、長照機構、或是請外傭來照顧父母，能不能夠給被照護者一個健康快樂的生活？這個疑問始終在我們的心中得不到解答。因此，人們渴求一種新的方式，能夠帶來更理想，更具質感的退休生活，而這就是 2021 年健康地產浪潮興起的原因。

健康地產 解決現行壓力

　　健康地產不是長照機構，但是這個新的觀念將減少目前長照所面臨的壓力。

　　我們身邊已有太多例子。我有一個朋友事業做得很成功，不到 40 歲就前往美國定居，他的父母住在台灣，

也在台北有一個 30 幾坪的公寓，退休之後日子過得很清閒，家裡附近買點什麼、吃點什麼都很熟悉，醫院、診所交通也很方便。而這個時候的他們，都還未能意識到一場時間的革命，將會徹底撼動他們的生活。

　　隨著父母年齡漸長，請了外傭來家裡幫忙，他想說有專人照顧生活起居，又住在自己習慣的地方，應該沒有什麼問題。只是與父母越洋電話的時候，發現雙親話講得愈來愈少，反應也愈來愈慢，身為子女，擔心父母親的身體狀況沒有自己想像得好了，於是特地請了假，飛回台灣，陪父母好好去醫院檢查一下。

　　到了台灣才發現問題大了，父母親竟然同時面臨失能與失智的雙重危機，才短短幾年的功夫，原本侃侃而談的父親，甚至開始出現話都講不清楚的症狀，也不再去公園散步，講到出門就興趣缺缺，只想要在家裡休息。醫生說再這樣下去，不久便要坐輪椅了。

　　他觀察父母生活作息，父母親身體好的時候，每天會出門買菜買東西，但是隨著年齡漸長，膝關節、髖關節老化無力，提著菜走路成為一件很耗體力的事，老人家就怕摔倒，所以常常一整天沒出門。也因為沒有出門，接觸的人少了，聽話說話也少了，

常常就是坐在電視機前打盹，等著外傭張羅午餐、晚餐，成為等吃飯、等睡覺、等子女來看的三等公民。

他知道如果父母親繼續維持這樣的生活型態，問題是只會加速他們失能與失智的速度，所以等到最後，就是想找一個環境好的長照機構，由比較專業的照護團隊來照顧自己的父母親。但是他尋訪再尋訪，詢問再詢問，大多數優質長照機構都是額滿，並且後面有長長的人龍在排隊等著進入。他相中一家環境很好，風評也很好的安養中心，懇切地詢問何時會有名額可以入住，結果他得到的答案是，再等 6 年，現在我們要探討的是，為何不從健康地產的預防角度出發，讓不健康的時間縮短，減少長照的壓力。

長照不只是個人問題 也是家庭問題

遺憾的是，這樣的困境不是特例，如果你關注相關資訊，會看到有年長的老人獨居在家，過世幾天後才被人發現；你會看到有高階主管找不到兩全其美的方法，最後只得放棄令人艷羨的薪資與職位回家照顧父母；你會看到有人 24 小時照顧失智的母親，而母親已不記得他是誰。

研究統計顯示，台灣長期照護的 3 種型態分別為「家人照顧」，「看護照顧」以及「機構照顧」，這 3 種長照型態都面臨了無法解決的困境。首先，台灣的老人在家照護是台灣長照的最大宗，占將近 80％ 的比例。但是居家長照最大的問題就是居住環境，當年長的父母行動不再靈便，過去習以為

常的外出散步就會讓他們怯步。而怯步的結果就
是減少出門，缺少足夠的運動量，肌肉萎縮的速度就
會加快。浴室的濕滑、廚房的油膩、房間的門檻、忘了關火的瓦
斯爐，影響社區安全，這種種問題就會讓過去熟悉的房子逐漸成
為一個充滿危機的環境。

　　大部分人能想到的解決辦法，就是改變室內裝潢，但室內好
改，外在環境的人車雜沓、汙濁空氣對長者健康造成的隱患卻是
無法改變的。另外，對於照顧問題，不管是子女與父母居住在一
起，或分工前往照顧，「照顧父母」在過去三代同堂的大家庭非
常普遍，一個家庭裡 3 個哥哥、2 個姐姐，分工照顧父母親是很
容易的事情。但是現在的台灣家戶組成規模縮小且簡單化，不但
能分工的子女少了，大家庭的居住模式也逐漸被核心家庭（只有

照護是每一個人都要面臨的問題。

父母與小孩）所取代。

不同的生活習慣，讓隔代同住有時也會成為生活上的干擾，為了減少糾紛，核心家庭往往會自己在外買屋租屋，但不住在一起，就讓居家照護更為不易。並且，核心家庭通常是雙薪家庭，夫妻都要各有工作才能負擔家庭生計，回到家還要照顧小孩，能夠分出來照顧長者的時間與能力就更為有限。從專業的角度分析，這就是「家庭支持成員的功能」減弱，所造成的居家照護困境。而因為小家庭（一夫一妻）與核心家庭的人口趨勢不會改變，因此由親人照顧的居家照護困境也很難找到解決的辦法。

看護的照顧不足 是健康的隱憂

無法由親人子女進行居家照護的家庭，接下來多半會聘請一位外傭來擔任主要照顧者的角色，而會需要聘請外傭的，則通常已經進入生活起居需要他人協助的階段。然而，太多經驗告訴我們，單靠一個人的力量無法達成居家照護的全方位目標。對於擔任主要看護工作的外傭來說，他的工作每日重複，若沒有足夠的抗壓性與專業訓練，面對無盡的照顧工作，很容易出現心理壓力與負面情緒，而這些壓力與情緒需要在日常生活中找到排解的管道。因此我們常常看到外傭把長者推到公園曬太陽，自己就去樹下和朋友聊天滑手機，形成所謂的「照護不足」、「加速失能」。

如果把健康促進的觀念放進來，把長者的主要照顧工作委託給外傭本來就是一件無奈的事，因為健康觀念的

照護是一個跨領域的繁複工程，包含心理、生
理、醫學、年長運動學、營養學等的協同運作，應該
由跨領域的專業工作者共同打造出一個健康促進的生活型態。這
樣對長者來說是何等的幸福，也才應該是我們所追求的理想境界。

必須縮短不健康時間
讓台灣長者快樂生活

國人平均壽命　　－　　健康平均餘命　　＝　　不健康的存活年數

不健康時間

8.4 年

平均
臥床時間

7 年

（資料來源：內政部、衛福部、行政院主計處）

而一個外傭的時間與體力都有限，對於需要照護者來說，外傭只能提供最基本的日常照護，而「照護不足」所帶來的後遺症很大很多，基本上失能或失智都有可能提前發生。

我們都知道透過適當的醫療照護，有許多方式可以預防、延緩進一步失能、失智的可能，但是在「看護照顧」的長照型態下，我們無法苛求一個被日常事務耗盡心力的外傭，還能夠扮演好減緩長者失能失智的角色，這是「看護照顧」無法突破的困境。

根據行政院主計處的統計，目前台灣長者的「不健康時間」時間長達 8.4 年，平均臥床時間長達 7 年，這也讓我們看見健康地產的重要性，就是要透過健康促進，盡可能縮短「不健康時間」，讓每一位長者都可以享有健康快樂的銀髮生活。

不管是居家照護、看護照顧或是機構照護，我們都要對第一線的服務人員給予最高的敬意，由於他們的努力付出，協助解決了許多家庭的問題，這樣的貢獻是很偉大的。但是不可否認的，他們在工作現場也面臨著許多不同的困難，並且這些困難的結構因素，仍然亟須政府與企業一起思考解決之道。也因此，我相信未來健康地產所帶來的新觀念，將會是有效協助解決困境的方法之一。並且合理的推估，當人們愈來愈認識健康地產帶來的好處，會有更多人從原本的居家、看護或長照機構的規劃，轉而透過健康地產的幫助，預防自己懸崖式的由「亞健康狀態」不知不覺跌入「不健康時間」，進而形成醫療資源的浪費。

CHAPTER 3

世 界 藍 點

長 壽 健 康

好空氣、好土地、好山水，

是活得長壽健康的祕訣。

這 3 個要素所分別對應的為，

我們的呼吸、飲食與情緒，也就是生活型態的縮影。

世界著名研究「藍點調查」，

揭開了長壽村之所以讓人長壽的原因，

而這份珍貴資料，成為今日打造健康地產的圭臬。

世界長壽聚落
具備條件

不動產講 Location、Location、Location，不管是住宅、店面、土地或商辦，都有屬於它的特殊條件。而放在健康地產上的 Location，環境則成為最重要的核心標準。健康地產對於區位的選擇，最重要的考量因素是——這個環境能不能為居住者創造健康。如果能夠帶來健康，他就是最好的 Location，但同時，這也是最難找到的。

一如前文所提到，人車雜沓，車水馬龍的市區，給長者帶來了身心緊張的壓力，由此可知，對於健康地產來說，環境是無可取代的硬道理。為什麼這麼說？從反面來說，大家都了解現有的居住環境中，有很多因素的長期影響，容易導致亞健康狀態的產生，居住在「健康失分」的環境裡，是後天花再多金錢養生都難以彌補回來的；從正面來說，人的健康有很多是從環境回饋產生的，於是只要環境對了，居住者自然就可以減少罹病風險。

健康地產的環境 該具備什麼樣的標準？

放眼世界，我們常常聽到「不老村」、「長壽村」這樣的報導，令人心嚮往之。但到底什麼樣的環境，才能符合健康地產對環境的要

求？全球有一個著名的研究——「藍點調查」（Blue Zones），曾經名噪一時。它是本世紀最大型的全球長壽人口普查，以實證研究的方式，揭開人如何活得更健康，並且更長壽的環境影響力。

「藍點調查」之所以在世界各國發展健康地產時成為圭臬，在於它並非抽樣調查（有系統性的誤差存在），而是一個遍及全球的普查。這一個調查的規模龐大，但方法卻很簡單，全世界的地圖在眼前攤開，當某地區有一位 100 歲以上的人瑞，就在該地區標註一個藍色的點（Blue Point）。

將全球百歲以上人瑞皆以藍點標示在地圖上之後，你會發現世界地圖上只有 5 個區域（Blue Zones）的藍點特別密集，特別集中。這表示一件事，即在同一個國家的居民，大家的生活條件差不多，照理說出現百歲人瑞的比例也會差不多，藍點應該在同一個地區內很平均的分配。但是如果某個藍點密集的區域（Blue Zones）出現了，表示生活條件相當的國民，在其他的地方平均壽命都呈現正常分布，但是在藍點區域內的人卻更長壽了，這表示環境裡一定具備了某些不一樣的因素，讓他們活得更健康。而這正是「藍點調查」想要探究的——全球的長壽村在哪裡？或是我們更精準的說，是什麼樣的環境，讓人變得更長壽健康了？

全球的長壽村在哪裡？

薩丁尼亞島（Sardinia, Italy）● ●依卡利亞島（Icaria, Greece）

●洛馬林達市（Loma Linda, California） ●沖繩（Okinawa, Japan）

●尼柯亞半島（Nicoya Peninsula, Costa Rica）

平均多活 10 年的藍點區域

這項研究調查結果發現，全世界有 5 個藍點區域，分別是最富盛名的日本沖繩（Okinawa，Japan）、位於美國加州的洛馬林達市（Loma Linda，California），地中海邊的薩丁尼亞島（Sardinia，Italy）、愛琴海北邊的依卡利亞島（Icaria，Greece），以及哥斯大黎加的尼柯亞半島（Nicoya Peninsula，Costa Rica）。

這 5 個地區不只百歲人瑞比較多，調查團隊還發現，居住在藍點區域的老人，平均壽命甚至比美國（具備先進醫療水準的已開發國

家）其他區域的老人多活
10 年，罹患心血管疾病的比例
則低於美國平均值的 1/6，而罹患癌症的
比例也低於 1/5，罹患糖尿病的比例更低是於平均值許多。這一種
上醫治未病的境界，充分印證了一件事——環境是最好的醫生。

　　這 5 個藍點區域，還具備了一些共通點，即沒有任何一個藍
點區域位於大都市內。它們在地理環境上有著共同的特性，那就
是**好空氣、好山水、好土地**。一般商用地產所看到的需求是工作
機會或交通便利，但健康地產所著重的，是有沒有好空氣、好山
水與好土地。

　　愈來愈多的研究證實，**好空氣**是形成長壽聚落環境的主要因
素。因為好水可以移動，可以攜帶，但是空氣無法移動，無法攜帶。
以我們熟悉的台北市為例，住在台北市交通便利，就業機會多，
從一般不動產的角度來講是非常好的，但是以空氣品質來說就不
見得如此，這主要還是與環境是否具備健康因素有關。

　　從地理環境來說，台北為盆地地形，四周都是山巒綿延成圈，
所以都市中產生的工業廢氣、交通廢氣、二氧化碳都被鎖在盆地
裡，最明顯的例子，就是每次發布霧霾警報的時候，不但對空氣
品質帶來很大的影響，並且沒個兩三天霧霾都散不出去，這是為
什麼？就因為地理環境如此。也因此，台北市有一批固定的購買
力，他們只出手高層住宅，而許多豪宅也是樓層越高價格越高，
最頂層通常是老闆自己收藏或是賣一個天價。其原因除了視野、

具有好空氣、好山水、好土地等絕佳地理環境是藍點必備條件。

景觀、成就感之外，也許買的人並沒有意識到這也是空氣品質的
問題，他所覺得的「空氣比較好」，或是「住起來比較舒服」，
正是人的身體對於好空氣的渴求。

土地與你吃的食物息息相關

藍點區域的第二個要件是**好土地**。從全球 5 個藍
點區域來看，不管是地中海、愛琴海還是琉球等地
方，沒有汙染的土地，沒有汙染的水源，就是
讓人身體健康的不二要素。

營養學裡有一句話叫做「You are what

you eat」，比較精確的意
思是身體的養分來源是由你所吃
的食物所構成。住在城市久了，我們似乎
已經忘記，土地與人的食物息息相關，人的食物若來自於有重金
屬或農藥汙染的土地；被天上降下的酸雨，或工業汙染的廢水灌
溉，那麼就算有再先進的健檢與醫療，都無法挽回一天一天失去
健康的頹勢。

　　全球 5 個藍點長壽聚落的形成，皆具備了「好土地」這個得
天獨厚的條件，周圍沒有任何造成空氣與水汙染的工廠，沒有大
型的工商業開發計畫，沒有過度耕種或過度開發造成的土壤汙染，
因而保持了大地天然的恩賜。能夠住在這樣的地方非常幸運，也
成就了他們的長壽。

　　好土壤加上好水質，就能有好收成，在好土地上有機種植的
蔬菜水果，不僅符合自然生態的外在循環，當人們吃著當季、當
地、無汙染、接地氣、營養豐富的時令蔬菜水果時，四時節氣的
變化，也透過飲食傳遞的養分幫助人進行體內循環。當土地（包
含氣候）的外在循環與人體的內在循環能夠在一個沒有汙染的地
方協同共鳴時，土地裡所有的養分也都將為健康帶來最佳助益。

好山水 平衡自律神經

　　藍點環境的最後一個要件，是**好山水**。如果說好空氣和好土
地是比較物質層面的指標，那麼好山水就是比較心靈層面的指標。

兩大層面╳三大要件　營造藍點環境

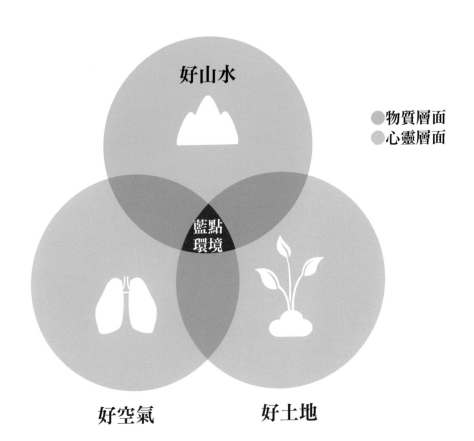

我們都有旅行的經驗，一片好山好水當前，人就會自
然覺得放鬆，覺得舒適，覺得情緒可以紓解，煩惱
可以拋開。旅遊聖地的好山好水好像自帶一種
頻率，能夠讓人把緊繃的步調放慢，步調放慢
以後，人才能真正的感覺到休息，這也是為

什麼眾多「不老村」、「長
壽聚落」，以及藍點區域，多半
皆位於景色宜人的山間海濱。

　　好山水帶來的影響看似無形，但是從神經醫學的研究也找得
到證據來支持這種「心靈休息」的轉變，答案在於交感神經與副
交感神經的和諧互動。

　　我們常聽到現代人壓力過大，造成「自律神經失調」。自律
神經所管的是我們的內臟與血管，由交感神經與副交感神經協同
運作。開始上班時，我們的交感神經會自然開始運作，身體會比
較有活力，但也比較容易累；因此到了體力無法負荷的程度，副
交感神經就會接手運作，讓心臟跳動的次數逐漸減緩、讓血管擴
張，使血壓下降，人就會進入到一個比較休閒放鬆的狀態。這樣
的睡眠能修復人體白天的耗損，讓內臟進入休息的狀態，讓新陳
代謝正常運作，並在過程中讓人體的荷爾蒙回到正常分泌的狀態。

　　好山好水的自然環境有一種無聲的力量，讓人可以找到健康
頻率的共鳴。飽含生活壓力的人與自然相處一段時間後，說話柔
細了，步調變慢了，笑容增加了，心靜下來了，這其實就是大自
然的共鳴，使得副交感神經重新作用起來，讓人拋開壓力，找回
自律神經的健康平衡。

　　其實不只長者，每個人也都需要良好的睡眠品質，睡眠好，
身體才會好；身體好了，心情才會好。在藍點區域裡的長者們有
一個共通的特點，他們的煩惱很少，病痛很少，大部分的時間維

健康地產提供的餐飲，著重營養均衡，以及控制食量。

持很好的心情，這對健康來說是很大的靠山，當然，這與好山好水帶來的睡眠品質更是息息相關。

全球長壽村 7 項行為指標 解密健康生活雛型

藍點調查最具價值的不只是解密了全球長壽聚落的環境研究，更重要的是，他們研究了這些聚落裡的長壽者，自他們的生活作息中歸納出有哪些行為是導致他們長壽的主因。這也是健康地產與其他類型地產最大的不同之處，對於一個規劃得宜的健康地產來說，重要的不僅是它的環境是否能夠提供居住者足夠的健康元素，更重要的是，能否透過環境的規

劃，讓居住者擁有一個健

康的生活型態。而這樣的生活型

態，也才是他未來 20 年、30 年、40 年能

否繼續保持健康的關鍵。藍點研究普查出全球五大長壽村後，研究團隊又繼續分析長壽村裡的居民活動，為我們找出了能夠長壽的生活型態是什麼。

綜合歸納長壽聚落的生活型態，其中的特點包括：

1. **足夠的日常活動**：透過生活中所需要的活動來維持身體的靈活程度，活動的強度不用很強。有些長壽聚落裡的居民擁有美不勝收的私人庭園，作為自己日常活動的場域；在私人農場也能享受種植、栽花等樂趣，這些活動形成了豐富多元的主題課程（如在園藝栽植課程中強化手部小肌肉靈活性的運動），讓身體在自然活動的同時得到健康，也得到樂趣。

2. **當下的目標**：沖繩有一種文化共識，他們會每天為自己設定一個「生き甲斐」（當下的目標），也許做的事情跟上班時不一樣，但是每天都還是有事情要做。這有點像是每天都能完成的小目標，或者說是每天早上讓自己醒來的理由，這會讓人覺得每一天都有其價值，並有動力來開展新的一天。也因此，健康地產會提供完整與多元的各類課程，為居住者創造生活中的新鮮感，不但讓人保有自己的動力，也會促進他與社會的連結，與朋友、家人不斷線。每個人都可以設定一個美麗的目標，並且快樂地去完成。

3. **找到放鬆紓壓之法**：人生在每個階段都會有不同的壓力，而壓力是心靈與身體健康的重擔。如何找到放鬆解壓的方法，成為健康生活中不可或缺的部分。健康地產除了本身的自然環境提供了放鬆解壓的功能之外，也應該結合各種先進的理念（如在健康地產設計上採用園藝治療的理念，讓園林中的一草一木都具有療癒性），讓居住者回到家就能沉浸在放鬆解壓的氛圍中，創造無壓力的快樂生活。

4. **適宜的飲食**：世界 5 大人瑞區的老人都各自形成了自己的方法來控制食量，例如他們會使用比較小的碗盤，或者不會把所有的餐食一次全放在餐桌上，為的就是不要讓自己飲食過量。他們的晚餐分量通常相對較少，並且時間提早，而早餐會吃得比較豐盛。飲食是生活型態的主體，因此一個合宜的健康地產必不可少的就是醫療與營養團隊。為每位居住者提供全方位的飲食方案，將健康、飲食、營養食品的攝取綜合考量，提供專業的養生建議，讓每一餐的飲食都成為促進健康的泉源。

5. **以植物為主食**：主要長壽村的老人們呈現出相同的飲食調整，與年輕時相比，他們一致性的減少肉類或加工食物的攝取，以新鮮的蔬菜水果來代替，把豆類作為主要的蛋白質攝取來源，並且增加堅果的攝取。以健康地產來說，規劃區域進行在地有機種植是必要的，為了居住者的健康，應該嚴格控管種植工法，提供零農藥、零重金屬、零寄生蟲卵、零大腸

桿菌，低生菌數的新鮮蔬
果，達到最高食品安全等級，台
灣健康地產也可以朝此目標前進，這將是
長壽者的幸福。

　　6. 環境安全感：對於長者來說，一個具有安全感的環境相當
重要。安全感可讓長者放心出門活動，透過這些活動接觸自然環

七大生活型態　打造長壽村、成為長壽者

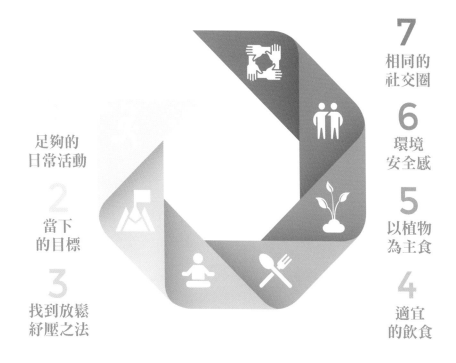

境，從而維持身體健康，也調適心靈健康。長壽村的環境中有許多對長者有益的養生因子，這也是健康地產必須納含的重要元素，如讓長者有園林可以走路，可以散步，可以種植與觀察花草樹木成長的園林，有溫泉可以在運動後恢復長者的體力，促進血液循環與新陳代謝。當長者對於環境有安全感的時候，就可以更多的從環境中擷取健康能量。

7. 相同的社交圈：有相同健康價值觀的朋友陪你一起到老是很幸福的事，這樣的社交圈人不用太多，但是要有健康的價值觀。全球先進的健康地產都會設計多樣且豐富的活動，讓好鄰居變成好朋友，也讓好朋友能夠來到這裡共享一段美好的時光。研究發現女性比男性長壽的原因之一，就在於女性通常有比較好的社交關係，在社交圈中的密友就會互相影響、激勵對方，也讓彼此愈來愈快樂與健康。

自全球長壽村居民的行為分析，上述 7 個特色具體描繪出健康地產的生活型態雛形。從世界看台灣，台灣新一波的健康地產發展，則必須打開大門，歡迎 AI 科技、養生、照護，國內外種種先進理念與服務，因時因地的整合與投入。這樣的努力將讓我們創造出一種全新的健康地產，讓全世界都羨慕台灣，而透過這樣的努力，台灣房屋集團也致力於台灣能夠成為下一個藍點長壽聚落。

CHAPTER 4

健 康 地 產
標 準 要 件 I
環 境

好的食物與水可以靠運輸，

但空氣卻無法移地運送，

若居住於空氣品質不佳的地區，

便無法避免其對身體的危害。

唯居住在好的環境，才能呼吸好空氣，

因而健康地產最重要的條件，首為環境。

以健康生活為主軸的
環境條件

英國作家羅賓森有一句名言說，**沒有人能回到過去重新開始，但任何人都能從今天開始，創造更好的結局。**

這句話非常適合用來詮釋健康地產對人的重要性。是不是要等到年紀大了，身體不好了，才需要關注自己的健康？這個答案當然是否定的。健康是每個人都需要的，是你此刻就需要的，不管過去如何，沒有人能重新開始，但每個人都可以從今天開始珍惜自己的健康，掌握自己的健康，強化自己的健康，讓接下來的每一天都能過得更好。

健康地產帶來的新觀念為，健康不是只要早睡、早起、少吃、多運動就能輕易得到，健康是一個高度專業的議題，需要許多跨領域的知識累積，才能帶給你最健康的生活型態，而如何將這種生活型態設定在你的生活環境裡，這就是健康地產最重要的價值所在。

舉例來說，肺癌在台灣已連續 21 年名列十大癌症的前三名，平均每 44.7 分鐘就有一個人罹患肺癌。肺癌是一種「三高」疾病，不僅晚期發現比例最高，致死率最高，醫療支出也是最高，台灣的健保支出每年有超過新台幣 150 億元

在治療肺癌。此外，台灣女性罹患肺癌人數 30 年來也多了 4 倍，是女性癌症死亡率最高的一種病症。

　　過去，我們很粗淺的健康觀念認為，只要不抽菸，就不會得肺癌了，對嗎？但事實上，台灣不抽菸的肺癌患者卻占了 50％以上。與美國相比，其肺癌患者有 80％都有吸菸習慣，而台灣不僅有一半的肺癌患者根本不抽菸，且女性比例不斷上升，發病年齡也愈來愈年輕，比男性罹癌平均年齡更早。如果單就女性來分析，有 93％的罹癌患者根本不吸菸。

　　不吸菸，那麼肺癌從哪裡來？中研院與台大醫院合作的研究團隊從肺癌患者的病徵數據，分析出 5 大癌細胞突變特徵，其中最顯著的特徵 APOBEC，發現造成突變的因素與菸完全無關；對比國外致癌突變特徵資料庫，發現比吸菸更可能引起肺癌的突變因子，可能來自食品添加劑、防腐劑、空氣汙染、廚房油煙的機率更大。這讓我們知道不是不吸煙就不會得肺癌，罹患肺癌的風險不只在於你吸入的不良空氣，甚至與不良飲食的關聯性都很直接。

　　從這個例子我們可以看出，醫學也是一種科學，在環境持續變化的過程中，他也是日新月異的在發展，因此要維持健康不能只靠模模糊糊的舊觀念或是 LINE 群組裡來源不明的聳動訊息，必

面對通訊軟體所散布的不明健康資訊，我們應格外小心，將健康視為一種專業，並交給專業，方能真正掌握自己的身體狀況。

須要把健康視為一種專業，我們才能真正的掌握自己的健康。

好空氣 不缺鮮氧 就不生病

對於台灣發展健康地產來說，健康環境第一個不可或缺的條件，就是空氣。從這點來看，為什麼一個健康地產的環境那麼重要？因為健康是一種專業，要以專業的眼光來審慎評估所在的環境，而環境中先天缺乏的東西（例如好空

氣），你拿再多其他東西
補也補不回來。

　　每個人每天都要呼吸空氣，這是影響
身體健康最重要的因素。醫學研究已經指出，過去我們以為上了
年紀躲不掉的各樣病症，也許都與空氣品質不佳有關。一般人朝
九晚五坐在辦公室的小隔板裡，空間裡密集坐著許多員工，每個
人呼吸所排出的二氧化碳，只能透過中央空調系統排風出去，但
是中央空調系統能吸入的室外空氣有限，大部分還是辦公室內的
空氣循環，這就造成空氣中氧氣濃度愈來愈低，二氧化碳濃度愈
來愈高。

空氣含氧量不足 身體健康不起來

 記憶力減退

 疲累

 專注力下滑

 工作效率差

 想睡覺

 體質由弱鹼性
走向酸性

因為需要的氧氣不夠，以至於工作效率變差、精神也較容易
不濟。

　　人需要的氧氣不夠了，於是記憶力就減退了，專注力下滑
了，中午吃過飯就很想睡覺，還沒到下班時間就累得不得了，這
也許不是身體變差了，只是氧氣濃度未達人體所需的自然現象。
當人們發現自己的記憶力減退了，專注力下滑，以為自己老了，
身體不好了，工作效率變差了，就可能使得工作壓力愈來愈大。
有人開始喝過量的咖啡，有人攝取糖份讓身體興奮，有人下
了班暴飲暴食再加上過量的飲酒，這都會進一步的造
成身體的負擔。身體裡的含氧量不足，體質會由
弱鹼性走向酸性，癌症研究很早就證實癌細胞
很難在高含氧的環境中繁殖；而高血壓、心
臟病、新陳代謝症候群等慢性疾病，也被證

實大多好發於酸性體質的

患者身上。

　　進一步分析，即使大樓很新，中央空

調系統能吸入足夠多的室外空氣，但是辦公大樓所在的商業區，

都市裡的空氣品質仍然讓人不禁皺眉。有交通工具產生的廢氣，

工業設施產生的重金屬汙染，隔壁大樓所排出二氧化碳，再加上

霧霾、PM2.5，以及可能透過空氣傳染的新型病毒，這就組合成日

復一日，我們吸入肺中的空氣。

　　到了週末假日，很多人會想要出遊，到外面去走走，其實這

PM2.5 從哪來？

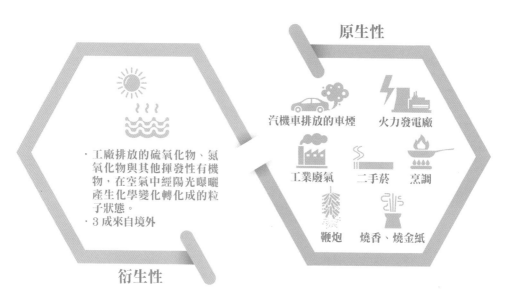

原生性

・工廠排放的硫氧化物、氮
　氧化物與其他揮發性有機
　物，在空氣中經陽光曝曬
　產生化學變化轉化成的粒
　子狀態。
・3 成來自境外

汽機車排放的車煙　　火力發電廠

工業廢氣　　二手菸　　烹調

鞭炮　　燒香、燒金紙

衍生性

也許是來自身體的一種聲音。希望能夠歇口氣，喘口氣，意思就是希望能夠呼吸到新鮮、自然、沒有霧霾、汙染、PM2.5 的足氧好空氣。

細懸浮顆粒物
威脅全身臟器的健康

如果深入了解，你就會知道好空氣對於健康有多重要。近年來，空氣汙染愈來愈嚴重，有時霧霾讓城市的天空一片灰濛濛，遠一點的地標大樓都看不見。一片霧茫茫當中，細懸浮微粒（主要是 PM2.5）大量流竄，對健康造成非常大，並且不可逆的危害。

PM2.5 是一種極小的顆粒物，因為很小很輕，所以通常懸浮在空氣中，被稱為「細懸浮顆粒物」。而 PM2.5 指的是它的大小，直徑 2.5 微米，大約是一根頭髮直徑的 1/30，為肉眼看不見的大小。對人來說，PM2.5 隱形在空氣中，吸進肺裡也沒有感覺，但是這個極微小的顆粒會負載重金屬、戴奧辛以及病菌等，輕易的穿越呼吸系統，直達人體的呼吸道、肺葉與支氣管。由於體積微小，被吸入後 PM2.5 可以穿透肺泡，進入血管，隨著血液達到全身各處，因此 PM2.5 對健康的影響不只是肺癌或呼吸道疾病，而是可能對全身臟器造成威脅。

PM2.5 又被稱為空氣中的隱形殺手，主要來源有原生性與衍生性兩種。原生性包括汽機車排放的車煙、火力發電廠、石化工廠所產

生的工業廢氣，都是產生
PM2.5 的大宗排放源。而一般生
活中的燃燒行為，如二手菸、烹調、放鞭
炮、燒香、燒金紙等，也是形成 PM2.5 的來源。PM2.5 在我們的
生活環境中，其實無所不在。

　　而衍生性 PM2.5 的影響範圍則更廣，更令人防不勝防。所謂
的衍生性 PM2.5 指的是工廠排放出的硫氧化物、氮氧化物與其他
揮發性有機物，在空氣中經過陽光曝曬產生化學變化以後，轉化

PM2.5 對呼吸道、心血管的
負面影響

失智

阿茲海默症

氣喘

呼吸道過敏

肺功能下降

自律神經系統失調

心律不整

心肌梗塞

慢性發炎

血管硬化

眼睛中風

抵抗力變差

易感染

健康地產的關鍵在於，確保環境提供健康的好空氣，能夠遠離空氣汙染危害健康。

成為粒子狀態。當環保署發布「紫爆」訊息的時候，就是 PM2.5 肆虐天空，可能對健康造成不良影響的時候。

根據醫界提供的資料顯示，PM2.5 對呼吸道的影響重大，吸入後會對呼吸系統造成刺激，影響人體換氣、使得肺功能下降，進一步促發氣喘、氣喘惡化、誘發慢性發炎，導致抵抗力變差，容易感染，增加呼吸疾病住院率及死亡率，對於孩童與老年人的呼吸系統影響更為明顯。近年來，空汙的增加也可能是造成國人呼吸道過敏、氣喘比例增加的原因之一。對於

老年人來說，PM2.5 的預
防亦變得更趨重要。

　　根據國民健康署的資料指出，PM2.5
對心血管也有負面影響。因為 PM2.5 進入體內，會造成體內的慢
性發炎反應。而在發炎的同時，人體內會自然生成氧化自由基，
導致血管硬化、也容易產生血栓，引起中風；同時還會讓自律神
經系統失調，產生心律不整等問題，增加誘發心肌梗塞等心血管
疾病風險。此外更有研究指出，PM2.5 已被發現對腦部可能產生
負面影響，透過對於腦部微小血管的破壞，導致中風或失智的風
險增加，甚至直接造成神經性退化疾病，出現阿茲海默症的前期
病理變化。

　　台灣 10 大死因中，有 7 大死因和空氣汙染密切相關。世界衛
生組織（WHO）也已將 PM10（懸浮微粒）、PM2.5 歸類為一級致
癌物，並指出室內與室外空氣汙染會對呼吸道造成危害，包含急
性呼吸道感染和慢性阻塞性肺病，且與心血管疾病及癌症亦具有
強烈相關性。

　　詳細了解 PM2.5 對健康可能造成的危害，就知道為什麼健康地
產選址的條件首重空氣品質。台灣健康空氣行動聯盟公布了美國與
台灣的 PM2.5 標準差距，在目前環保署的標準裡，只要 PM2.5 指
數在 15.4 以下就將空氣認定為良好，不過，這已是美國在 1999
年所設定的空氣品質標準。2012 年，美國將空氣的低風險值標準
拉高至 12，才能視為空氣良好。

健康地產的選址標準中，聯外交通也很重要。

　　當然，大區域的空氣品質是一個概念，但是在同一個大區域內的不同小區域，空氣品質還是會有差距。例如同樣是新北市，新店與貢寮的空氣品質就不會一樣。

　　如果要在北台灣選到一個最好的健康地產環境，我們可以將條件設定為距離核心城市 40 分鐘內的車程，PM2.5 值要達到最嚴格的美國標準（低於 12）。這個選取標準是讓我們可以確保環境擁有維持健康的好空氣，幫助我們遠離 PM2.5 與空氣汙染的危害，在每一口呼吸中保護我們的健康。

　　除了自然環境好之外，這個地點的交通環境還要可以連結我們到任何地點的友誼圈，

才是最適合健康地產坐落

的黃金區域。但是說實在，交通

與環境想兩者兼得，純屬不易。交通便利

對於健康地產來說，重要性絕對不只是更方便家人共度週末時光

而已，讓居住者的環境接近高速公路，接近機場，會讓健康地產

裡的生活不是一個靜態的句點，而是一個活水流動的幸福。

　　綜合這兩個條件，北台灣最好的健康環境，燙金門牌在哪裡？

嚴選答案是「關西」！

新竹關西 台灣的長壽鄉

　　新竹關西鄰近桃園，距離機場只有 40 分鐘的車程，但這裡

卻是台灣的長壽城鄉。根據近年統計資料，關西鎮人口數為 2 萬

8 千多人，其中百歲人瑞就有 17 人，80 歲到 100 歲以上的更高

達 2 千餘人。關西鎮為一慢活、樂活、悠活的地方，地靈人傑，

常出醫師、博士等社會賢達人士，民風純樸、善良熱情，面積約

126 平方公里，約為台北市的 1/2 大，約為韓國首爾（面積為 605

平方公里）的 1/5 大。

　　具備了許多得天獨厚的條件，關西過去 50 年來，一直沒有大

型的工業開發，但也成為杜絕汙染的養生寶地。回溯關西鎮的史

料，因為好土壤加上好水質，在 50 ～ 70 年代，這裡是台灣種茶

外銷全球的重鎮。其境內多屬丘陵景觀，氣候怡人，全年平均氣

溫約 22 ～ 23℃，夏季相對清爽舒適，屬北台灣最近的避暑勝地，

好的水、健康的食物可以靠運送,唯獨空氣,必須百分之百在地,也因此空氣品質成為健康地產選址最重要的指標。

素有「長壽之鄉」的美稱。

統計數據指出,關西的空氣品質是全台數一數二的好。關西鎮周邊區域全年有 96% 以上的時間,空氣品質符合標準,更重要的是,空氣中 PM2.5 含量,全年有 94% 以上的時間屬於偏低,是一個最能給人健康空氣的養生環境。

在健康地產的選址標準中,空氣品質是最重要的,台灣的交通便利,要喝好的水,要吃健康的食物,都可以從別的地方運輸過來,但是唯有空氣是 100% 在地,24 小時全年無休,人住在哪裡,呼吸的就是哪裡的空氣,因此要看環境是否符合健康促進的標準,首先就是要看那個地方的空氣品質指數。

CHAPTER 5

健 康 地 產
標 準 要 件 II
防 疫

新冠肺炎重創全球，

災情慘重使人們開始重視防疫工作。

新時代的生活典範正在樹立，

於此同時，防疫建築也已然成為建築先驅。

怎麼杜絕病毒在空氣中傳染，

如何善用防疫科技，已然成為時下顯學。

具備防疫的建築
是標配

　　每一個建築的落成，都必須考慮到它的時代性與區域性。建築所在的區域，人們對它有什麼期望？有什麼功能？彌補了什麼能讓這個區域不再缺乏？增加了這個建築之後，這個區域會有什麼樣的不同？帶來什麼樣的改變？這是居住在這個區域與周邊的人們，所關心的共同課題。

　　而健康地產也不例外，它應該是一個把好山好水轉變成健康能量的環保建築，不但能夠創造更健康的生活形態，且能透過環境親善的居住型態，讓這塊土地上有更豐富的複層綠化，更多樣化的植物生態，讓居住在其中的一草一木更健康，居住在其中的人也更健康，從而在環境裡達成人與自然的健康共生關係。

　　就時代性而言，每個建築都必須考量到時代性的需求，也就是在這個時代中，人們對於建築有什麼迫切的需求，是他希望被滿足，而舊有的建築卻未能做到的。區域性的需求是對當地周遭的人們提供更多的功能，但是時代性的需求會影響當代所有的建築，是跨越區域地界的，是跨國界性的。達成時代性需求是建築的責任，其背負了時代性的責任，而人類社會也因而有進化的可能。

　　日本是一個地震頻繁的國家，其

因而發展出建築的多種防震技術，防震

不只影響日本，也影響了同處地震帶上國家

的建築；而荷蘭有許多國土低於海平面，極端氣候造成的漲潮或
瞬間雨量常常導致淹水的發生，於是荷蘭（預）防（淹）水的建
築理念也同樣影響了其他國家。

防疫 是後疫情建築的時代性使命

　　2020 年全世界與台灣所共同面臨的最大衝擊，就是新冠疫
情。身為後疫情時代推出的健康地產，自然也背負了時代性的建
築使命，而這個使命就是防疫。當疫情再度來臨之時，你住的地
方能不能保護你？能不能盡量降低病毒傳播帶來的危害？新冠疫
情改變了世界，公衛專家們不斷地呼籲，未來防疫必須成為一種
生活的常態。站在當下，建築的新時代使命毫無疑問的就是防疫，
防疫做得好，才有健康可言，因此新一代的健康地產，應該在建
築規劃時就以防疫作為核心，打造出以防疫為概念的健康建築。

　　在新冠疫情發生以前，我們都沒有意識到，一個家除了遮風
避雨之外，還有比這些更重要的功能。如何讓我們自己或家人能
夠住得安心，能夠讓建築成為守護我們的屏障，不讓病毒的威脅

3 種病毒傳播的路徑

1 人傳人、面對面的飛沫傳染

2 空氣中游離病毒的空氣傳染

3 多人頻繁接觸表面的接觸傳染

隨意隨機的肆虐，讓家成為一個安心的避風港，一個為我們守護健康，守護家人的地方。站在這個時間點上，防疫是建築責無旁貸的使命，為了不讓病毒成為家人的擔憂，台灣來到了一個建築進化的時刻。這片土地上的人們迫切需要一個能讓自己遠離病毒威脅的家，因此身為一個承繼時代使命的建築典型，健康地產的設計與建造必須以防疫為 DNA，在建築的設計上以降低感染機會為最大前提，這種普世性的需求，就是健康地產的時代性課題。

以防疫為核心是建築的理念，落實在健康地產的建築設計上，就是要盡可能阻斷「病毒傳播路徑」。從這一波新冠病毒感染的好發路徑，以及綜合了過去大型病毒群聚感染的經

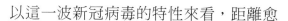

驗，我們可以歸納出阻斷病毒傳播
路徑的 3 個面向，其一是人傳人、
面對面的飛沫傳染；其二是空氣中
游離病毒的空氣傳染；其三是生活中
多人頻繁接觸表面的接觸傳染。

　　以這一波新冠病毒的特性來看，距離愈
近，傳播可能性愈大，因此對於人口越密集的城市，產生的威脅
性越強。而台灣人普遍的公衛共識——戴口罩，成為第一道有效
的防線，這樣的人民自覺其實非常難得。由於口罩阻斷了大部分
面對面飛沫噴射距離 1.5 公尺內的傳播途徑，於是讓台灣得以倖
免於大規模的社區感染，能夠把防疫的灘頭堡一直維持在境外移
入的戰線上。

　　而根據專家的分析，新冠病毒存活時間平均落在 14 天（亦有
研究數據發現病毒可以存活到 21 天），這也就帶出口罩之外其他
傳播路徑阻斷的重要性。人不可能一天 24 小時都戴著口罩，當我
們回到家把口罩拿掉時，接著誰能繼續保護我們？

防疫建築新標準 阻絕空氣傳播

　　從防疫的層面來看，室內最大的危機是病毒散播至室內空氣
中游離流動，讓感染的可能範圍持續擴大。舉例來說，如果今天
有人住在醫院大樓的病房裡，雖然他本身沒有感染，但旁邊的病
房內有人攜帶病毒進來，儘管這兩個人沒有面對面，然帶原者身

上的病毒若被中央空調的吸風口吸入排風管道，那麼病毒就有可能透過中央空調系統進入每一間室內，以空氣為媒介造成感染。

這種感染情形不只新冠病毒，一般的感冒病毒都很常透過這樣的傳播途徑來擴散。而這種擴散在醫院裡發生時，通常被稱為院內感染，其實它的本質就是交叉感染。不只是醫院，辦公室、餐廳、購物大樓、百貨商場，只要是人群聚集其間的建築，都有交叉感染的可能性。而交叉感染的可怕之處在於，它不是1＋1，再＋1，再＋1這樣的循序傳染，當1變2，2變4，4就可能變成超過16，不僅是等比級數的增加，並且由於感染的母體增加，後續感染的速度會瞬間加速，快到當人發現問題時已經來不及反應的程度。

為了杜絕空氣傳播的途徑，在空氣清淨方面必須達成建築體質的進化，如果是一個群居型的建築，那麼每戶便應採取獨立空調系統。這雖然會增加建築成本，有較高的負擔，但從防疫的角度來看，這卻是阻斷病毒空氣傳播路徑的重要一步。居住者不用擔心病毒會不會從樓上、隔壁、或是與樓下共用的中央空調管道間被送風進來，因為每一戶的空調系統都是獨立的，並且每一分鐘吸進與排出室內的空氣都應該經過抑菌處理，才能在居家安全上達到最高安全係數的防護。

進入房間以前，每一個樓層的公共空間，在防疫動線上同樣重要。除了空調系統的進氣口已經設下第一道殺菌處理的

關卡，確保入戶空氣品質清淨無虞之外，防疫建築最好能夠捨棄一般大樓共同管線的作法，採取「單層排風」的設計。

　　這兩者之間的不同在於，一般大樓從一樓到頂樓「共用管線」排風，把一層一層的廢氣都吸進管道間，然後從屋頂排出。在一般時間，共用管線的缺點是當屋頂風壓比較大時，廢氣不能順暢排出，此時就會回流灌風到各個樓層，造成樓下浴室點上菸，樓上浴室二手菸；

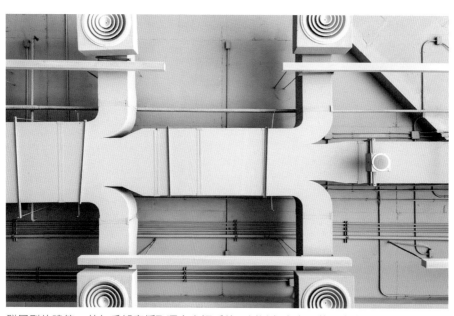

群居型的建築，其每戶都應採取獨立空調系統，以避免病毒從共用中央空調管道進入。

樹木是我們最好的空氣濾清機，而充足
的日照則能為空氣自然殺菌。

甚至可能出現樓下還不知瓦斯外洩，樓上已經瓦斯味瀰漫的窘境。

在一般的情況下，共用管線的問題可能只是氣味不佳，感覺不好而已；但是放在防疫高規格時期，如果菸味、瓦斯都會在各個樓層間亂竄，那麼病毒是不是也有可能透過共同管線流竄，造成不同樓層間，非人與人接觸的交叉感染？不可否認，這個可能性是存在的，因此防疫建築的規格，除了每戶獨立空調以外，每層樓的公共區域皆應採取單層排風的設計，該層產生的廢氣透過該層出風口獨立排出，樓上樓下的空氣不溢流，把病毒透過室內空調系統傳播的可能性從硬體上降到最低。

在整個杜絕空氣傳染的防疫循環中，最終還是要回到健康地產的選址重點──自然環境。因為新鮮空氣來自室外，因此室外環境的良劣非常重要。若建築坐落的環境山幽水清，周遭沒有密集的住宅或辦公大樓，也就避免了排出室外的空氣停滯不流動，又被空調系統重新吸入室內，造成健康隱憂。如果健康地產坐落於一個良好的自然環境，不僅空氣品質優良，自然的風場也就是最好的防疫屏障，讓室內排出的空氣，很快的能夠藉由自然風吹拂換氣，把髒空氣帶走，就能大大降低空氣感染的機率。

好的自然環境，就是最好的防疫環境。自然環境裡數以萬計的樹木，就是最好的空氣濾清器。只要環境對了，每天透過自然

界的光合作用提供新鮮的空氣，透過充足的日照帶來紫外線照射，就能把空氣裡的病菌自然消毒，自然過濾。只要打開窗戶，迎面而來的就是新鮮健康的好空氣，大自然的陽光洗禮，隨時為室內進行換氣，讓住在健康環境裡的住戶可以放心呼吸，安心地住在高規格空氣品質的防疫建築裡。

防疫電梯新標準 接觸表面的滅菌

　　防疫的第二個環節是物體表面的「接觸」，接觸的人愈多，接觸的頻率愈高，就愈有可能成為病毒散布的界面。當細菌帶著病毒降臨在接觸表面上時，它不是靜止不動的停在那裡，凡具備了陽光、空氣和水，細菌便可開始繁殖，病毒的濃度還會每小時提高。

　　我們雖然明白這個原理，但目前對於如何阻斷病毒在接觸界面上停留與繁殖，卻沒有特別有效的辦法，只能依靠漂白水或酒精消毒，來消滅病毒與細菌。而我們常在公共場所看到的「本場所每2小時定期消毒」之字樣，其實就是希望透過衛生人員的清潔消毒程序，盡可能將病毒在接觸表面上的存活與繁殖機率降低。

　　環衛人員的清潔消毒自然是不可缺少的一環，但是這中間仍然存在風險，畢竟執行的人員用肉眼並無法看見哪裡可能有細菌或病毒。許多來自醫院的實證研究都已經發現，全然依靠人力來執行的程序難免有執行上的疏漏，而這個疏漏就很有可

能成為防疫破口。並且，定時清潔
消毒的目的僅止於降低接觸表面傳
播病毒的風險，而不是一個真正能
夠杜絕病毒傳播的手段。

　　以 2 小時定期消毒來說，這 2 小時
中間若有帶原者接觸了物體表面（例如電梯
按鍵），之後每一個接觸電梯按鍵的使用者就都有感染的可能，
這就是目前在防疫上難以克服的問題。尤有甚者，若是環衛人員
不甚接觸到了病毒，當他去清潔下一個區域時，就有可能把病毒

紫外光殺菌等技術，可納入作為建築在接觸表面抗菌的防疫科技。

電梯是建築中最被頻繁使用的小空間，使用者都會碰觸樓層按鍵，大大增加了接觸表面傳播病毒的風險。

帶到下一個場域裡去。而目前已知的新冠病毒接觸傳播路徑是，當不知情的使用者觸摸了帶菌的表面，無意中揉眼睛或掩口鼻的時候，雖然他從沒有面對面的接觸過帶原者，但病毒仍然可以藉由這個過程造成他的感染。

接觸表面的感染防治的確是防疫建築的重中之重，因此防疫建築應該要善用防疫科技，來阻斷接觸表面的病毒存留。從過去的奈米銀離子、紫外光殺菌，到現在廣泛運用在國際級醫療中心、醫院 ICU、科研機構的奈米刺針技術，皆可作為建築

在接觸表面抗菌的防疫科技。

　　奈米銀與紫外光技術已經廣為人知，而奈米刺針技術是近幾年被廣泛運用的防疫技術。這是一種將碳元素奈米化之後形成的物理性防疫科技，其中不含任何化學物質，對人體沒有任何傷害與副作用。運用奈米化的技術形成比細菌和病毒還要微小的刺針，透過碳元素奈米化後自然產生的正負電荷相吸原理，包覆著無數病毒的細菌會被自然吸附過來，當細菌接觸到奈米刺針時，細胞壁就被自然戳破，自然死亡。失去細胞作為載體，病毒觸碰到奈米刺針後難以存活，也就自然消亡。

　　透過鏈結的方式將無數的奈米刺針定置於公共空間人與人常常接觸的物體表面上，這樣當細菌與病毒一接觸到奈米刺針時就會自動被消滅，不僅達到即時抑菌的效果，也杜絕了病毒滋生繁殖的可能。

　　由於奈米刺針非常微細，使用者觸摸物體表面時不會有任何的異物感，在國際檢測機構的報告裡，奈米刺針的抗病毒效果非常持久，是目前防疫科技裡非常前瞻的一項技術，對於疫情是否重來，做好了接觸的預防動作。

電梯空間 重要防疫節點

　　在目前已知的防疫節點中，電梯是一個必須謹慎以對的地方，

因為電梯幾乎是一個建築裡面最被頻繁使用的小空間，使用的人次多，空間相對封閉，又穿梭於各樓層之間。在電梯裡，每個人都要按樓層按鍵，大大增加了接觸表面傳播病毒的風險；病毒若留在電梯空間中，透過電梯往返進入各樓層的人就有可能成為載體，將病毒傳播到各樓層去，因此電梯空間這個節點雖然空間小，但是在防疫上卻很重要。

為了杜絕電梯接觸表面感染的風險，許多人在防疫期間以鑰匙、手機或其他替代物來按電梯按鈕，但是事實上這些東西還是與手部頻繁接觸，仍然有可能成為接觸傳播的途徑。所以電梯的密閉空間內採取了複合式的多重消毒科技，在電梯無人使用的時候，紫外線殺菌光就會自動開啟，而感應到有人使用電梯就會自動停止運作，當住戶走出電梯，紫外光又會重新開啟，隨時為電梯空間消毒。

使用電梯的人多，對於空氣抑菌的需求也比其他空間更高，因此強調防疫無死角的電梯設計，搭載專業等級的電漿離子空氣清淨機，透過正負離子的快速產生，能夠去除電梯空間裡的病毒與細菌，達到淨化空氣與強化防疫的功能。

CHAPTER 6

健 康 地 產
標 準 要 件 Ⅲ
醫 學

除了好的健康環境、完備的防疫硬體，

維持健康狀態亦為健康地產的發展重點。

目前世界指標性的健康地產在醫療照護的發展上，

都專注於抗衰老中心的經營，

透過多功能整合性的醫養服務，

積極促進居住者的健康發展。

從全球醫療保健第一的
基礎上出發

　　生活在台灣是很幸福的，其中醫療品質就是一個很好的原因。全球一資料庫網站 Numbeo，調查世界各國的醫療保健指數，指數中涵蓋了每個國家的醫療體系、醫療從業人員、醫事設備、醫師數量、醫療價格等。而台灣在 2019 年、2020 年，蟬聯 Numbeo 醫療保健指數排行榜的全球第一，贏過第二名的南韓和第三名的日本，這樣的醫療實力也在這波新冠疫情的防治中，一覽無遺。

　　有鑑於此，在台灣醫療全球第一的基礎上出發，台灣健康地產可以規劃高端而前瞻的全方位健康服務，讓居住者能享受更直接的醫療照護品質。對新一代的健康地產來說，醫療服務的核心，應該具備「住戶專屬」、「預防醫學」以及「人工智慧」三項特色。預防醫學裡最崇尚的價值就是健康，最有效的工具就是人工智慧（AI），而這能為健康地產的居住者創造更好的健康品質。

75％的人都可以比現在更健康

　　根據世界衛生組織（WHO）調查研究推估，全球總人口中，完全健康的比例只占 5％，有 75％的人正處於健康與疾病中間的灰色地帶。而在這個灰色地帶中，若是長期忽略身體的警

訊，那麼終有一天就會進入疾病狀態。

但是若能夠及早發現徵兆，並且採取正確的

解決方式，那麼就可以恢復到健康狀態。換言之，只要懂得預防勝於治療，並且採取正確的方法，那麼這 75％的人都可以比現在更健康。

復能服務是很重要的訓練。

多功能整合性的醫養服務

衰老成因

- 賀爾蒙分泌減少
- 壓力過大
- 胰島素分泌抗拒
- 環境毒素
- 自由基增加

抗衰老中心

- 基因檢測
- 營養補充
- 功能性醫學
- 養生保健

抗衰老生活

- 營養補充
- 園藝治療
- 均衡飲食
- 溫泉水療
- 適當的運動強度

健康地產
最具發展潛力的抗衰老服務中心

　　全球不少指標性健康地產，甚
至世界級的頂級豪宅，都不約而同的
將醫療產能專注於「抗衰老中心」上，
並得到顧客很好的回響。健康地產的醫療服
務與抗衰老密不可分，抗衰老的本質即為一個多功能整合性的醫
養服務。

　　從醫學原理來看，人體的衰老可以分成兩種，第一種是生理
性的，第二種是病理性的。相同的年齡，有些人的身體功能仍然
維持得很好，看起來也不顯老；也有些人年齡雖然輕，但疾病纏身，
看起來也比同齡者老。為什麼會有這樣的差異？當我們把病理性
的衰和生理性的老分離看待，就會找出其中差異。抗衰老中心的
服務就是要在住戶生理性加齡的過程中，維持身體與器官的健康，
遠離可能產生的疾病，活得比實際年齡更年輕，由此來達到抗衰
老的目標。

　　醫學研究歸類出幾種不同的衰老成因，包括賀爾蒙分泌減少、
胰島素分泌抗拒、帶來氧化作用的自由基增加、承擔過大壓力的
心因性影響，以及來自空氣、水、食物等環境毒素的污染等。

　　而一個完整的抗衰老中心應該包含有基因檢測、功能性醫學、
營養補充、養生保健等不同醫學領域的整合。每個人的生理狀況
不同，因此適合的抗衰老預防方式也不同，從基礎的營養補充，

在健康環境運動，可以讓身心保持更加愉悦，並增加細胞活力。

　　均衡飲食的攝取，適宜的運動強度，療癒性的園藝治療，溫泉水療的使用等，不但讓身體機能活化，維持健康的新陳代謝與器官運作，也讓心靈維持在樂觀正向的狀態，達成身心的正向平衡。

　　實際上的作法，第一步先透過健康數據的收集與比對，分析出哪些潛在的危險因子可能對健康造成衝擊，接下來就是透過飲食、營養補充、運動，來提升器官的正常運作，增加細胞活力，讓身體維持在最佳狀態。最理想的抗衰老解決方案是以多元複合的形式，透過運動、飲食、烹調方式、生活、減壓、提升

免疫力等多重目標所群組而成。

　　從預防醫學的角度來看，它將
與醫院扮演不同階段的醫療角色，
因為服務的人數少，並且對象固定，
因此可以做到過去醫院所做不到的事。
例如透過人工智慧的協助，以預防醫學的角
度為居住者進行健康管理，並且即時提供他所需的醫養康護資源，
達成延緩老化的目的，再透過健康數據的監測，避免慢性病的發
生。透過這些積極性的健康促進方案，居住者將可以活得更健康。

從精準醫療到精準預防

　　如果說預防醫學是健康觀念上的超前部署，那麼精準預防就
是讓你提前看見問題會出在哪裡，用最合適的方式提前解決即將
發生的問題。

　　傳統醫療使用的方式，就是以病患口述的病徵加上普遍性的
檢查（血液常規檢測、X 光片、腹部超音波等）數據，由不同科
別的醫師來判斷罹患哪種疾病，罹患同一種疾病的患者，則以相
同的藥物與治療方式來處理。這種醫療邏輯是以「同質性」來分
類，認為罹患某種疾病的患者既然具有相同的病症，就可以用相
同的藥物來治療。而邁入到精準醫療的領域，最大的差異在於「個
體化」醫療的觀念導入──每個人的體質與生活習慣都是不同的，
所以儘管罹患了相同的疾病，但是適合每個人的投藥與診療方式

也不盡相同。包括幹細胞療法、標靶治療，以及基因醫學種種方興未艾的先進醫療方式，皆屬於精準醫療觀念的領域。

預防醫學當然也在這波醫療觀念躍進的浪潮之內，進入「精準預防」的全新領域。前進到精準預防的領域，健康地產的醫療服務將會為入住者開創一個健康促進的全新層次。

精準預防是一種提前預測，積極主動，每個人都不同，並且會因應個體狀況隨時調整的健康促進方式。根據台灣醫學會的統計，台灣有 80％ 以上的老人罹患慢性病，有 60％ 左右的老人罹患兩種以上的多重慢性共病症。這讓我們覺得要預防慢性

病好像很複雜很困難，但是事實上，
當精準醫療的概念導入之後，許多
先期指標就可以讓你提前發現到問
題，因應問題。

　　舉例來說，許多人對自己的體重並
不滿意，然而在精準預防的領域裡，體重過
重只是浮出水面的訊號，但是重要的是因人而異的解決方案。以
肥胖來說，一般人會覺得長胖了，只要少吃一點，體重就會降下
來，也就不會考慮其他可能的變因。但是一個精準預防概念的醫
療團隊，會繼續分析造成個人體重過重的原因，並且找到最專業
的解決方案。很多人已經吃得比以前少了，但是體重還是持續上
升，繼續少吃，不但沒有真正解決問題，還可能造成營養失衡，
身體的過度飢餓又可能帶來暴飲暴食，造成血糖震盪幅度過大，
反而加速對身體的不良影響。

　　所以專業的醫療團隊要進一步做個人化分析，肥胖形成的原
因是什麼？是新陳代謝過慢嗎？是飲食過度所導致的嗎？是甲狀
腺分泌不足嗎？精準地找到了原因，才能夠對症下藥，而重要的
不只是讓腰圍回到正常值，更是擺脫可能因過重而導致的慢性病
威脅。

醫療只影響健康的 10％
　　從精準預防的角度來分析健康的組成，是哪些因素影響了我

們的健康？比重各占多少？這個結果，會讓我們打開一個全新的視野，認識到健康地產的重要。

　　一個人能否健康，「醫療資源」的重要性僅占 10％（生病了以後才需要就醫），「社經能力」占了 20％（他所在的族群能否提供足夠的健康資訊，足以適時採取維持健康的行動），「基因遺傳」占了 30％（這就是醫學界致力發展基因組測序與人體基因資料庫的原因），而對人健康影響最大的因素是「生活習慣」，占了 40％。在日本，所謂的慢性病被他們稱為「生活習慣病」，也就是說人體產生的大部分慢性病，都是由不健康的生活型態長期累積而成，例如缺乏運動、辦公室久坐、作息不規律（熬夜）、過度劇烈的瞬間運動（如馬拉松）、飲食失衡等等。因此要維持健康，就要把對身體有益的活動培養成習慣，投入在我們的生活裡面。

瞄準熟齡身心靈 精準預防三方向

　　對於熟齡族群來說，這個階段面對的主要問題不同，因此精準預防的重點也與其他年齡段不盡相同。從身心靈 3 個層次來看，熟齡階段要維持健康有 3 個重點，分別是維持自己的腦力（預防失智），強化自己的行動力（避免肌少症），以及保持快樂的情緒（快樂學習）。具備良好的腦力、想去哪裡就去哪裡的行動力，每天活得很快樂的正面情緒，這 3 個目標對熟齡階段來說最為重要，而這也是健康地產所蘊含的真正價值—觀念前

瞻的健康地產應該導入專業，為入
住者設計符合這 3 個目標的多元活
動，讓「防失智」、「體適能」、「快
樂學」自然而然成為入住者的「生活
習慣」，讓每個人的日常生活，都在為
自己創造最佳化的健康價值。

防失智：

　　失智不是一項單一病症，而是一種可能由生理或心理引發的
多重症候群，就好像一道堤防上下遠近有好多個破洞，只補上看
得見的那一個並不能完全解決問題。日本是全世界公認對於預防
失智最有經驗的醫學大國之一，他們進行了非常多關於失智預防
的實證研究與醫學調查，並有一套複合式、因人而異的預防方式，
不是等到開始出現忘東忘西的前兆才開始就醫，而是在生活中培
養良好習慣，並搭配醫療專業評估，從包含認知的有氧運動、降
低 BMI 與三高的每日菜單（愈來愈多研究傾向「失智症是第三型
糖尿病」的概念）、良好的睡眠、減少憂鬱症狀好發的環境、增
加社會互動的樂趣活動，腦部活化與情緒愉悅的快樂學習等等。

體適能：

　　專業設計的熟齡運動，已經被醫學證明可以逆轉老化。

　　40 歲後身體的肌肉會自然流失，並且會隨著年齡的增長流失
率愈來愈高，有時候提菜籃覺得吃力了，走路沒以前遠了，長輩
往往覺得只是累了，老了，體力不如從前了，以為以後就只能這

樣了。但實際情況並非如此，熟齡體適能課程是針對肌少症而設計，不是咬緊牙關的重量訓練，而是在生活中增加運動的機會，讓肌肉可以維持、舒展，甚至增進。《慢老》一書中提到了一個加拿大與美國的研究，65 歲以上長者進行 6 個月的肌力訓練以後，他們肌肉細胞的基因表現幾乎與 22 歲的年輕人所差無幾。而運動的好處不只是身體，對腦部神經也有很好的刺激效果，並且，想去哪裡就去哪裡的行動力，更是維持社會連結，創造生活樂趣的基礎能力。

快樂學習：

　　結合哈佛大學的「快樂學」宗旨，健康地產應該為入住者規劃，豐富且量身訂製的不同課程與活動，日本的高端健康住宅很重視各種藝術課程在生活中的比重，不管是音樂會、繪畫班、個人畫展、樂團交流、甚或是海外藝術家駐村等等活動，都是希望住戶能夠在各種不同類型的藝術活動中找到自己的興趣，能夠擁有一項或多項藝術的愛好。

　　藝術參與對心靈帶來的快樂自不待言，但是更重要的是藝術參與是「藝術治療」的超前部署。如前所提，失能、失智、阿茲海默症等等老年疾病的退化是無法根治，病程不可逆，且沒有藥物可以提早防範的。而美國這 10 年來有越來越多的實證研究證實「藝術治療」(Art Therapy) 能夠有效延緩阿茲海默症與失智症，延緩思考能力、記憶能力和語言能力的退化。

結合抗失智、體適能與快樂
學，從精準預防的觀點來看，與其
等到退化症狀出現後才開始被動的
接受治療，不如在生活習慣中超前部
署，早點開始帶來樂趣與健康的生活習
慣，培養對運動的喜好，讓各類藝術不同的
刺激，增加並強化大腦連結，並且達成集中注意力、減輕憂鬱與
焦慮、增加自信、抒發情緒、產生對美感的喜好與快樂心情，免
疫力自然提升。

在好空氣中運動，對腦部神經有很好的刺激效果，創造健康品質的基礎能力。

優質健康地產
讓加齡人生備受期待

山內美奈

山內美奈
日本醫師
日本自治醫科
大學畢業
日本社區
醫療專家

世界衛生組織（1948）對健康所下的定義為：「不僅是沒有疾病或衰弱，而是保持在身體上、精神上和社會適應方面的良好狀態。」這說明了，促進健康不僅是預防疾病，而是在身心健康上都能自我生活的行為。

日本很早就進入快速發展的高齡化社會，為了保持國民的身心健康，日本政府與民間早在20世紀80年代末，開始進行了各種嘗試，並展開「介護」的發展。所謂的「介護」是指以照顧日常生活起居為基礎，提供高齡者自立生活的支援、正常生活的實現、尊嚴及基本的人權尊重。

本人在台灣曾多次走訪新型態的健康地產，發現真的有一些即使放在東京、大阪，規劃上都屬於非常上乘的園區，一個好的健康地產必須具備某些條件，需要在規劃時就超前部署，其中包括日本專業介護的精神──以人為中心，並引進高科技智慧設施，從居住者科技化的貼心規劃、生活起居的樂活安排，到專業醫療團隊的園區服務、以及在園區特別規劃園藝療法，提供高齡者享有「介護」的功效及品質之外，更著重在「預防及避免」，為台灣的加齡人生，成為可以被期待的未來。

WHO は健康の定義を「完全な 肉体的、精神的及び社会的福祉の状態であり、単に疾病又は病弱の存在しないことではない。」としており、健康とは、単にいくつかの病気を予防するだけの行動ではない。日本では、急速に進行する高齢化社会の中で、その身体的・精神的な健康を維持するために、様々な試みがなされてきた。「介護」だけでなく「介護が必要な状態にならないための予防」に力を入れる介護保険のあり方や、医療職とともに個人に最大限の配慮をしたプログラムをそれぞれに組み立てるケアマネージャーの活躍は、科学の理知と、人間の愛情の結合である。

　　私は台湾の新しい介護施設を何度も訪れたことがある。

　　この高齢者介護施設は日本の東京や大阪にあったとしても非常によく計画された立派な施設だと考える。

　　良い高齢者介護施設は多様な条件が必要であり、計画を立てるときは第一に考慮すべきだ。

　　その中には、日本人専門介護者の意識である"人を大事にすること"、ハイテクスマート設備の導入、居住者ため思いやりあるハイテク技術の暮らし企画、そして日常生活のためロハス手配から専門医療チームを提供する施設サービスと施設内の園芸療法など特別な企画などが考えられる。高齢者に「介護」の有効性と質を提供し、さらに「予防と回避」を強調する。

選擇優質環境
有效療癒長者的身心靈

朱凡欣
前醫學中心
附設護理之家
資深護理長

　　根據統計，進入熟齡階段，WHO 已經提醒憂鬱症在 2030 年將成為疾病負擔第一位，而憂鬱症狀對於高齡長輩帶來的影響更大，因為身體與心理是互相影響的，長輩可能因為心裡的憂鬱，覺得身體更不舒服，也會因為身體不舒服而加深憂鬱症狀。

　　所以是否具有好的環境，就成為影響長輩健康的重要關鍵。通常在市區的照護機構，空間擁擠，環境吵雜，空氣品質很差，甚至有些機構還設在工業區裡面，待在室內覺得狹小煩悶，想要出去走走散散心，但是外在環境並不允許，對居住者而言，長久下來身體缺乏運動，心裡也覺得受挫，容易產生負面的循環，許多在宅安養的長輩也面臨相同的處境。

　　未來，環境的重要性將會是大家最重視的，如果一個健康地產具備良好的自然園林，對居住者來說就能帶來多重的好處，從縱向來說有 3 個層次，分別是生理（環境品質就是健康品質，天天運動，天天補充健康動力）、心理（望向自然的山林天色，心曠神怡）與靈性（社會學領域所謂的「靈性」與宗教領域不同，在長照專業裡通常引用於與自己過往生命歷程對話，找到天人和諧的

交會點），從橫向來說還有兩個層次，就是從個人到社會，好的環境能夠促進社交的功能，長輩們最擔心「失能」與「失群」，有好的社交生活，就能賦能（預防失能），就能與群體認同（預防失群），長久下來，對身心靈都會帶來極多的好處。

國內外評鑑為最高等級的健康地產，通常具備以下這些相同的條件，包括良好的自然環境，寬敞的室外空間，心靈療癒功能的園林，最好周邊有好山好空氣，若能有溫泉的話更好。

我認為，一個好的環境，不只對居住者有好處，因為我們很容易忽略探視者的感受，在照護領域裡，探視者是非常重要的，因為他是居住者重要的社會連結與情感寄託。一個好的環境，對於探視者來說也有好處，因為他會期待每一次的探視，對於家庭探視來說，可能會像是親子一日小旅行，能夠讓祖孫三代有一個快樂的相處時間，這必須要有環境才能做到。

另外一種類型的探視者探視時間短，但是卻很頻繁。他可能每天下午會來，探視完回家，如果是在一些空間狹窄，品質堪憂的機構，他進去可能連坐的地方都沒有，然後難聞的氣味，周遭的噪音，讓他每次來都覺得不舒服，長久下來就不會想要再來探視，居住者的失群指數就又加深了。但是在一個綠覆率高的好環境裡，若每天能陪長輩在療癒的園林裡散散步、聊聊天、望望遠方的山景，不只被探視者，探視者本身心情都很舒暢，就會把探視當作一件有樂趣，有意願去做的事，這對於長輩本身、長輩的親人，以致整個家庭，都會因為長輩在一個優質的環境，而帶來更好的關係。

適地老化
讓變老也能成為一種幸福

高燕彬
美國約翰霍普金斯
大學畢業
留美高齡醫學及
長照專家

　　過去的傳統長照觀念，認為「在地老化」是最能讓長輩適應，並能夠節省社會長照成本的作法，因此多國政府（包括台灣）都大力提倡。但在我的研究與實證經驗中，我認為在對的地方老化（也就是「適地老化」）比「在地老化」更符合現代社會結構及家庭需求。

　　台灣的失能、失智長者數目與日俱增，高齡少子化所造成的照顧人力缺乏，和社區環境部分老舊建築造成之外出不便及社交疏離，過去我們覺得在地老化最大的優點，就是長者不需再「適應」居住環境，但當長者眼力、記憶、體力逐漸弱化，熟悉的環境變得不一定安全適合，反而長者需要重新「適應」已不合適的居住環境。

　　戰後嬰兒潮世代辛苦多年，對本身退休生活的想像，亦變得活潑多元，加上日益便捷之交通建設，已讓越來越多長者開始思考，由原有在宅老化的傳統選項之外，在對的地方老化，這個新的優選（也就是「適地老化」）將帶來更好的生活，生活品質好，才會活得更愉快，更健康，因唯有透過各類多元需求的滿足，才會感受到最大的尊重與幸福。

CHAPTER 7

健 康 地 產
標 準 要 件 Ⅳ
園 藝 療 癒

除了遠離疾病，

與自然靠近、擁抱溫泉、

在水中運動才是促進健康更積極的作為。

保養身體的同時，

人們的心靈也能夠獲得療癒，

而身心的和諧將使我們活得更加健康。

療癒的園藝 在自然中發揮
減緩失智 促進健康

　　健康地產的發展與其他地產類型最大的不同，在於健康地產的發展，基地必須夠大，能為居住者創造一種新的健康生活型態，因此，我們必須對健康有更深一層的認識。

　　不生病，就算是健康嗎？不快樂，能算是健康嗎？無法排解心裡的焦慮與壓力，這樣算是健康嗎？當我們靜下心來，就能夠發現，的確健康的人身上沒有病痛，但是「不生病」不等於「健康」，這兩者中間還是有一個高低差。不生病是指身體沒有疾病，而健康所指的是身體與心靈的和諧狀態。

　　世界衛生組織對於健康的定義是全面性的、包含精神的、心靈的與社會的福利狀態，並非狹隘的以身體有無疾病作為判斷健康與否的標準，而是一種廣義的定義，全方位、高品質，包含身心靈的和諧，才可謂之健康。正因如此，健康地產將包含一個重要的特性──療癒。我們可以這樣理解療癒所扮演的角色，它是將人們從「不生病」帶向「健康」的正面能量，未來人們將會發現，療癒是每個人都需要的，能夠帶我們進入身心理想的狀態。

　　過去我們覺得沒生病就是健康，是因為早期生活環境沒有現在好，醫療

技術也沒有如今先進。在有限資源的眼光下，對於健康的追求只能放在生理層面，也就是身體有沒有「生病」。但是現在醫學思潮已經證實人是身心一體的物種，心理影響生理，心理方面的疾病不解決，最終會在生理上產生後遺症，造成身體機能無法正常運轉。

每個人的思想、情緒與行為，時時刻刻影響你的身體健康。過多的壓力、焦慮或是負面情緒所累積的心理壓力，會對大腦皮質發出不良的訊號，當身體感受到焦慮的時候，血壓就會升高，心跳也會加速，長期的緊張會影響內分泌，最常見的就是讓腸胃時鐘紊亂，胃痛、消化不良都會進一步讓身體的免疫機能下降，長期無法排解壓力的人就會覺得抵抗力好像愈來愈差，愈來愈容易生病。

打造健康地產的考量應該由內到外，不僅要提供最好的居住品質、最先進的醫療團隊、最全面的防疫科技，最理想的養生環境，同時也要透過療癒功能的強化，將健康地產拼圖的最後一塊補上。在現今繁忙緊張的社會中，每個人都需要療癒，並且不是僅僅在旅遊的時候才讓自己有被療癒的機會，而是應該把療癒變成生活的一部分，在需要的時刻舒緩心裡的壓力，降低焦慮與緊

能讓身體與心靈都保持在自然和諧的狀態，才是真正的健康。

張感，讓身心都可以回到平衡的健康狀態。

療癒過後所帶來的好心情，傳遞給大腦皮層的是積極良善的正面訊號，能夠促進神經與體液的正常運作，愉悅能夠讓全身肌肉、心臟機能、血液流動與新陳代謝都維持最佳狀態，當心情自然覺得輕鬆的時候，就表示身體已經進入健康運作的狀態中。

對於健康地產來說，療癒園林具有不可或缺的重要性。「森林浴」一詞來自日本的健康研究，這個詞的意思代表「讓人像沐浴一樣的沉浸在森林中」。根據日本研究，人每天只需要花 15 分鐘的時間在療癒園林裡散步，就可以確切的從身體數值中察覺更健康的變化出現。千葉大學的宮崎良文教授就曾做過一個實驗，他將 168 位受試者分為森林組與城市組，森林組的受試者在不同的森林間散步，而城市組的受試者也在相同的時間裡散步，只是地點放在城市中。研究結果發現，與城市組相比，森林組的受試者壓力荷爾蒙皮質醇降低 16%，血壓降低 2%，心率降低 4%。

　　而在韓國的神經科學研究中，研究人員用 MRI 記錄人在看到不同場景時大腦活動範圍的變化。觀看都市景象的受試者，大腦中有較多血液流到杏仁體（處理恐懼與焦慮的區塊）；當看到自然景色時，血流則在前扣帶皮層（安定感）與腦島葉（利他傾向）集中。這些研究在在呈現出療癒莊園之於健康地產的必要性。

　　綜觀國內外先進案例，許多健康地產中都將療癒規劃視為重要的元素。建築師們將非常多的療癒元素濃縮在園林裡面，透過良好的規劃，讓這些元素共譜出一個療癒的氛圍，透過療癒帶來的能量，為住在這裡的人帶來真正的健康。比較常見的包括療癒園林、溫泉風呂，以及對心靈與身體都帶來極多好處的水療 SPA。

療癒園林讓人與自然長期共處 帶來真正的健康

說是歸隱山林也好，人要真正追求身體與心靈的健康，就與自然環境的親近與共生脫不了關係。也就是說，園林裡樹木花草健康的生長，於是當人們徜徉其間時，也會感受到大自然蘊藏的健康能量，追隨本心的時候便會發現，因為人的生命元素本就源於大自然，環境是否健康也就直接影響到人們能否健康的生活。從這個角度來看，療癒就是重新找回人與自然的平衡關係，是一種與自然共生的心靈共鳴，環境健康與身體健康中間存在著相互關係，而園林的療癒力量，就是一種源自健康環境的健康生活。

走進療癒園林，參天大樹不但質地細緻，且帶有一種沉靜芬芳的清香，這種自然散發的香味會帶來一種安定感，舒緩工作的壓力與慣性的緊張。觀察巍峨的樹型與枝葉，把自己投入自然環境中，發現一枝一葉的美學，會產生一種心靈的滿足感。從園藝治療的觀點來看，在生活中找到安定感，在自然中得到滿足感，會更能夠從人與樹的接觸中體會到生命的存在感，進而得到一種恬適自得的喜悅，這對於健康品質的提升，有很大的助益。

屬於眼耳手鼻身心的心靈花園

除了參天大樹之外，園林裡多種色彩的各色花卉，則能帶來生動、歡樂、活潑的視覺，多樣性的花種按照不同時節盛開，香草傳來不同的味道，讓不同的季節有

不一樣的景致，也讓園區裡呈
現出有韻律變化的生命力。療癒園林是一
個讓人靜下來，與植物心靈交流的空間，藉由
植物按照四時花開花謝，盛情綻放的繽紛色彩，一花一
葉獨一無二的紋路，柔和搖曳的觸感，遠山近林的蟲鳴鳥叫，讓
在園林裡的人以眼、耳、手、鼻、身、心與大自然無距離接觸，
從中得到心靈的共鳴，也在沉靜中找到昇華的可能。

　　療癒園林的好處，在於可以連結園藝治療概念設計的各式課

珍貴的自然療癒力量，就是人生最好的禮物。

程，讓住戶可以按自己的興趣參與這個療癒園林的園藝活動，透過認識、投入、手作、體驗、共鳴的歷程，察覺自然界美好的生命力，這就是綠色療癒學院院長沈瑞琳所稱的「幸福感知樹」。當人與植物建立了期待與成長的心靈關係，從一片葉子就可以看見一個完整的世界觀，每一片葉子從葉柄展開脈絡，形成葉片，為植物行光合作用，逐漸的枝繁葉茂，葉子上的陽光、露水化作成長的養分，在這個從自然界得到養分，也為自然界創造氧氣的相互關係裡，可以感知到大自然其實是我們最好的朋友。它為我們提供身體健康所需的一切，帶來心靈的自在與安心，讓我們在萬物生長中學會感恩，並且感受到一種恬淡的幸福。

擁有健康地產 溫泉已成為標配

提到療癒，就不能不提到溫泉。溫泉對健康促進有非常多重的好處，也在心靈療癒上具備卓越的功效。

鄰近的日本人對溫泉的喜好眾所皆知，他們甚至成立了中央溫泉研究所來研究世界上不同的溫泉，其中自然不乏溫泉是如何對人體創造健康效果的研究。人在接觸溫泉的時候，首先將溫熱透過泉水從人體的皮膚、手腳末梢神經傳導至中樞神經，皮膚感受到熱能的時候毛細孔會張開，然後逐漸的提高體內溫度。

熱能是一種能量，能夠加速身體的循環功能、血液流速，並緩解緊繃的肌

肉組織。10 至 15 分鐘的溫泉
浸泡後，人體溫度與泉水溫度近似時，人
會自然感受到身體的放鬆，原本的酸痛感也因
被熱能包覆而不再顯著，心情上亦會開始覺得輕鬆。再
加上人進入水中產生的浮力，在溫泉中活動原本酸痛的肩頸或腰
膝關節時，因浮力讓身體變輕了，於是活動起來也變得特別舒服。

　　水對身體帶來浮力，但是對呼吸帶來壓力，這個適度的壓力
使人要比平常更用力呼吸，因而有助於呼吸功能的強化，再加上
吸入空氣中富含溫泉氣化的水分子，對於呼吸道、肺葉、鼻子等
相關問題，都能帶來良性的改變。在熱能逐漸進入人體內臟的同
時，溫泉原湯裡所蘊含的礦物質與微量元素也正透過皮膚進入人
體，產生平衡效果。研究指出溫泉的好處之一就是讓血管擴張，
對於有高血壓問題的人來說，血管擴張就能讓血壓降低到比較正
常的水準，而對於低血壓的人來說，血管擴張反而能夠提高血壓。
同樣的溫泉，卻對高低血壓不同體質的人都有效果，這就是溫泉
所能創造的──人與自然的健康平衡。

比日本泉質更純淨 溫泉中的溫泉

　　感謝大地的恩賜，台灣蘊含著質純量豐的碳酸氫鈉泉，碳酸
氫鈉泉被稱為溫泉中的溫泉，也是在台灣少數溫泉泉種中，水質
比日本還要純淨的優質溫泉之一。因為富含碳酸氫鈉成分，常被
稱為美人湯，亦被稱為「重曹泉」。泉水對皮膚有顯著的滋潤效果，

溫泉能加速血液循環、緩解肌肉酸痛，在促進身體健康的同時，對於心靈也有著療癒的作用。

並有軟化角質層的功效。日本年輕女性有一個說法，在碳酸氫鈉泉中泡湯，就好像泡在天然的美白保溼液裡，能對皮膚進行滋潤，去除老化角質後皮膚更顯白皙。在日本，甚至有皮膚燒傷、燙傷的患者，藉由泡碳酸氫鈉泉來達到天然消炎，以及去除皮膚疤痕的功用。

碳酸氫鈉泉對皮膚的刺激性低，可以常常使用，因此特別適合作為療癒溫泉的泉種。它的水質清新，沒有硫磺的臭味，酸鹼值落在 pH7.0 到 pH7.4，湧上地表

溫度約為 58℃，屬於弱鹼性的微溫泉種。由於水質屬於鹼性，對皮膚的保養效果最佳，可清潔皮膚、促進人體新陳代謝，進而增強皮膚的免疫功能，減少併發症的發生。

　　在冬天泡進煙霧繚繞的碳酸氫鈉泉水中，吸入的空氣不會有嗆鼻的刺激物質，對於呼吸系統的保健有很好的維護效果。所以台灣最受歡迎的溫泉勝地包括烏來溫泉、礁溪溫泉、知本溫泉等，泉種都以碳酸氫鈉泉為主。觸摸溫泉就可以感受到水質的柔細滑潤，由於富含鈉、鎂、鈣、鉀、碳酸離子等礦物質成分，洗後皮膚光滑細緻，不會有黏膩感，因此不論是浸泡、沐浴、或經處理後成為礦泉水飲用，都很受歡迎，被譽為「溫泉中的溫泉」。

　　許多消費者選擇健康地產時，都以有沒有溫泉作為選取標準，可見溫泉的療癒魅力。浸泡在自然湧出的原湯溫泉中，骨骼、軟骨、關節、肌腱的膠原蛋白得以延伸，身體會自然覺得舒展。對於需要保養的關節來說，不但可舒緩關節韌帶的緊繃，加速關節軟骨的代謝速度，恢復關節的活動能力，溫泉也已被證實可用於慢性風濕性關節炎的防治。

　　在溫泉的熱能影響下，皮膚毛細孔自然開展，會將身體與關節裡的老廢物質透過流汗排出，這種排毒的過程會讓皮膚與肌肉的循環改善，並舒緩神經傳導，讓心情更平和閒適，疼痛的感覺也在熱能中逐漸舒緩。當疼痛緩解，新陳代謝回到正常速度，精神的緊繃也就逐漸消除，心靈上會有壓力減輕的感覺，溫泉研究

中也提到，此時腦下垂體會分泌出腦內啡，讓人感覺到放鬆的快樂，而這個放鬆的過程還有助於睡眠品質的提升。

從身體到心理，從排毒到睡眠，溫泉帶來的好處言說不盡，是最好的療癒選項之一。

在溫泉的基礎上 引進全球風行的水療運動

全球著名的養生聖地，諸如瑞士的阿羅薩（Arosa），法國的布列卡尼（Bretagne）、義大利的利撒圖尼亞（Terme di Saturnia）、斯洛尼亞的里斯科托普利斯（Rimske Toplice）溫泉、日本玉川的皇室溫泉等，都在自然好水（溫泉）的基礎上，不遺餘力的發展水療。透過溫泉對人體帶來的種種好處，搭配上適宜的水療SPA與養生運動，能讓促進健康的效果事半功倍。

全球養生聖地的水療服務，大抵分成兩種形式，一種是移植度假飯店的SPA、按摩、植物精油療法的服務，屬於被動式的運動，這部份對身體的好處自不待言，大家也很熟悉；而另一部分則是源自歐洲的水療運動項目，這在台灣比較少見，但在瑞士、法國、義大利等養生聖地行之有年，對於促進健康的效果也有諸多實證研究可資證明。

不管是水中瑜伽、水中有氧，水中重量訓練或是水中體適能，這些水療運動之所以風行全球，在於它不受年齡限制，能夠在保護關節的前提下擴大運動的好

處，相同的運動時間，對於骨
骼強化與肌力維持都更有效率。

每一分鐘都在保養自己的內臟

會產生這樣的效果，在於人進入水中時所產生的奇妙改變。
首先，水的浮力讓人的重量負擔減輕，水深到腰部的時候，人體
的負重比例只有平常的一半，而水深到頸部的時候，有 90％ 的體
重被浮力抵銷。除了負重減輕之外，血液循環也產生了不同的反
應，水療運動的特色是，下肢血液回流比一般運動來得快，因此

健康園區溫泉療癒的三大好處

好處 1 加速代謝

溫泉中含有豐富的天然礦物
質，可以促進新陳代謝。泡溫
泉時，心臟快速收縮加強血液
壓力，送到各管線末端，肝臟
內微血管快速代謝。

好處 2 舒緩肌肉

泡入溫泉可緩解肌肉疼痛，並
舒展關節韌帶的緊繃，對預防
慢性風濕性關節炎非常有效。

好處 3 提升免疫力

醫學研究分析，人體體溫上升
到比正常體溫高 1℃，身體免
疫力就會增強 5 ～ 6 倍，因
此有機會享受溫泉豐富的礦
物質，有益身體健康。

高端的健康地產，溫泉作為必要標配，已成為新健康豪宅。

下半身的酸痛疲勞可以在水療運動時恢復，並且較為快速的血液流動，讓器官供血更為充足，可以說水療運動的每一分鐘都在保養自己的內臟器官。

在歐美令頂級客趨之若鶩的水療課程，可以透過運動強度與時間分配來進行心肺功能與呼吸系統的強化。當水深高過人的肺部時，每一次呼氣與吸氣都需要呼吸肌群更加的用力，這就是一種呼吸系統強化

的訓練。站在水中，水壓會形
成一種外在阻力，因此心臟要用更大的力
量將血流輸出至末梢，這讓呼吸成為一種心肌
收放的鍛鍊。當心臟以更強的力量把血液排出時，也讓
血管彈性增大，因此水療運動能夠提高心血管系統的健康，也讓
心肺功能持續健康。

　　對關節最好的保養就是少磨練它。我們都知道運動是維持身
體健康的不二法門，但是高強度的運動會帶來關節的高度損耗，
關節疼痛與運動傷害，往往造成運動者的兩難。水療運動之所以
受到全球歡迎，就是因為它解決了這樣的問題，水的密度是空氣
的 844 倍，水療運動的每個動作，因為要在水的阻力中取得身體
平衡，於是平常運動不到的肌肉群都會動起來。特別是關節周邊
的肌肉，能夠在不同課程的水阻力設定下增強肌耐力與爆發力，
不僅得到運動的效果，也強化了關節周邊的肌肉，達到保護關節
的目的。

　　水中產生的浮力減輕了負重，因此脊椎承擔的強度也降低了，
透過運動的動作，可以鍛鍊腹部的核心肌群以及背部肌肉的肌耐
力，保護脊椎，減少腰酸背痛，以及不正確的姿勢所造成的脊椎
耗損。

既能塑身 又能強化骨密度

　　水療運動特別受到女性歡迎還有一個原因，是因為它對於身

體線條的雕塑，具有比一般運動更卓越且即時的效果。水療運動的心跳數平均比一般運動低 5 至 10 下，而為了維持平衡，身體做了一個動作之後，在水中還要抵銷作動的反作用力，這讓平時很少運動到的核心肌群也運動起來，不但能夠緊實肌肉線條，同時也刺激骨小板的生成，對於增加骨密度有比一般健身房運動更好的效果。

療癒與健康的關係密不可分，人們逐漸體認到由身體感知到心靈感受的療癒，能夠一步步把自己帶回身心和諧的健康狀態，而這正是健康地產所要創造的生活型態。透過療癒園林裡的散步，不同節氣、不同主題的園藝課程，療癒溫泉的泡湯體驗，加上與全球同步的水療運動，在一個成熟的健康地產規劃裡，應該塑造出一個具有美感和多功能的療癒環境，讓嚮往健康者能夠享受身心靈之悅樂，在每一個日常的時光中都可以體會到，生活上的幸福感。

CHAPTER 8

成 熟 是 禮 物

不 是 負 擔

退休以後，迎來的是全新的生活，

人們殷殷期盼努力大半輩子後，

能在退休之際享受人生。

然而，如何規劃有意義的退休生活，

怎麼保持身心的健康狀態卻非易事。

而這個問題，我們興許能在健康地產中，

找到方向。

有健康 享受成熟
沒健康 老化不回頭

退休是一個臨界點，也是一個更好的起點，我們有兩條路可以選擇，一條路是成熟，一條路是老化，有趣的是，成熟與老化都可以用同一個英語字彙來表達：「Aging」。退休後那張幸福快樂的藍圖，雖然每個人都不一樣，但其中必須包含哪些要素，才能把接下來的人生過得精彩漂亮？成熟與老化是不一樣的，一般的老化（或指病態老化）伴隨著慢性病與老年疾病，讓退休後的生活品質受到很大的影響；而成熟與老化最大的不同就在於擁抱著健康。

在孩子小的時候，許多父母都有講睡前故事的經驗，故事書的最後一頁，我們常常讀到故事書的最後一句就是：從此以後，王子與公主過著幸福快樂的日子。

回顧我們的人生，唸書的時候，爭取考上最好的學校，因為那會帶來往後幸福快樂的日子；工作的時候努力打拼，因為那會帶來往後幸福快樂的日子；買下好一點的房子，多存一點錢，因為這樣才能讓家人們過著幸福快樂的日子；但是到了退休後，所有該努力的都已經

努力過，該得到的都已經得到了，那時，幸福快樂的日子是什麼？

　　故事書的最後一頁，當國王與王后退休了，他們「幸福快樂的日子」是什麼？

　　成熟是一種禮物，當一個人經過歷練洗禮，得到圓融的人生

健康環境、醫養合一、守護身心、時刻掌握身心靈的健康狀態，才能在退休後為人生開啟全新的窗門，迎接生命的新無限可能。

智慧，只要不受老病威脅侵擾，成熟將是人生的禮物。在這個階段，來自職場、財務、家庭的負擔都消解大半了，人生進入最輕鬆無負擔的時刻，只要照顧好自己的健康，成熟的這個階段，將會是人生中最幸福快樂的日子。

　　「老」「病」分離，說起來很容易，但是做起來卻好像漫無頭緒。DailyView 網路溫度計曾經透過 KEYPO 大數據關鍵引擎，分析網路上聲量最大的台灣老人常見毛病，前 10 名分別是糖尿病、

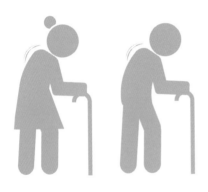

台灣老人 常見毛病 排行榜

1. 糖尿病
2. 關節退化
3. 高血壓
4. 白內障
5. 中風
6. 記憶力衰退
7. 老花眼
8. 帕金森氏症
9. 痛風
10. 攝護腺肥大

資料來源：DailyView 網路溫度計

關節退化、高血壓、白內障、
中風、記憶力衰退、老花眼、帕金森氏症、
痛風、攝護腺肥大。在這裡我們可以看見，要
保持健康真的是一件需要專業的事情，從你居住的環境、
呼吸的空氣、入口的飲食、運動的習慣，都會決定你接下來是走
向老化還是成熟，是趨近疾病還是掌握健康，而這就是健康地產
所能創造的價值。

　　對於這點，WHO 曾有一個著名的理論可以佐證，這個理論就
是「成功老化」。在「成功老化的多元樣貌」論文中，提出「成
功老化」觀點的兩位醫師背景學者 Rowe 與 Kahn 從過去的經歷，
以及持續進行的研究中得到實證研究成果，發現基因與遺傳並不
是唯一決定人類將如何老化的絕對性因子，研究發現，只要透過
生活型態的調整，每個人都可以中和老化的負向影響。成功老化
的意思是，「老」與「病」是可以分離的，只要能夠遠離疾病，
我們就可以從病態的老化轉向正向的成熟。

　　兩位學者的研究中發現，要形成「成功老化」，必須包含 3
個要素，第一，在對的環境降低罹患疾病與因疾病而發生失能的
危險；第二，維持高度心智認知與身體功能；第三，創造主動參
與社會（包括關係的建立與生產力的提供）的能力。本書所描繪
的未來，健康地產與其他地產最大的不同在哪裡？長照專家高燕
彬指出：最大的不同在於，10 年前的傳統觀念是在地老化，現在
多一份的選擇是「在對的地方老化」。

人人都會老化
成功老化關鍵三要素

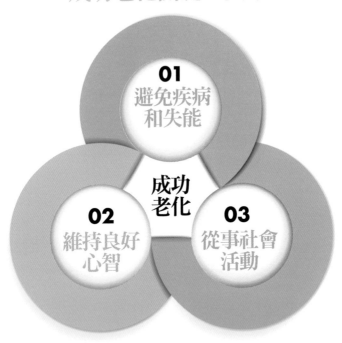

在「好」的地方老化，在能夠「復能的地方老化」，這才是
健康地產的價值，在於他會創造一種健康的生活
型態，這個健康生活型態具體而言，就是符
合「成功老化」的3個要素，把預防疾病
的風險降得更低，在對的環境讓心智與
身體功能更好，建立更好的關係。因此

健康地產最大的價值，就是透過環境、空氣、AI、建築、服務達成上述的3個要素，讓成熟的人生掌握健康，也掌握健康快樂的鑰匙。

　　本章所提到的問題，以及故事書裡的最後一頁，幸福快樂的日子是什麼？雖然，每個人追求的幸福快樂都不同；但我知道，我們都必須擁有健康，才能追求自己的幸福快樂。

　　有一位我很尊敬的商界前輩，他彷彿讓我看到一個成熟的人生原型，他很早就在美國生根立業，並且當到一個全球頂級企業的副總裁退休。他的退休生活不是只有旅遊與高爾夫球，已經超過85歲的他，不管在明尼蘇達還是在台中，每天早上還是固定打一個小時的網球。之前在職場高峰期，他一個人要管20幾個國家的分部，財星500大企業前10名中7名是他的客戶。退休了以後，他成立了一個小公司，選擇性的幫企業做他所擅長的分析預測工作，工作時間自由，沒有工作壓力，合作的都是老朋友，彼此都有互信與默契。

　　退休之前他就在柏克萊、哥倫比亞大學授課，退休以後他把更多的時間留在教學上。他每年會撥出時間回台灣兩趟，教授研究所的課程，而回台灣對他而言不只是授課，也是旅遊。除了與年輕人相處的課堂時間，其他時間他也安排得非常充實，回屏東老家，與兄弟親友見面，與老友吃飯聊天，與當年的同事話家常，找美國沒有的台灣美食大快朵頤等。學校裡有以他的名字命名的

年復一年過著一樣的日子，即便那是曾經嚮往的生活，隨著邊際效用遞減，快樂也會變得愈來愈少。

研究室，他贊助獎學金的學生也已經在大學擔任助理教授，學生們很喜歡他的課程，因為幾十年的實務經驗讓上課內容生動接地氣。過去在歐洲工作的時候，曾經在最好的年份買下法國不同酒莊的紅酒，存了這麼多年再來出來品飲，喝的不只是年份（能夠讓周遭朋友艷羨），不只是健康（紅酒多酚能軟化血管），還有與朋友聚會的樂趣。

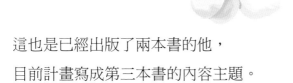

這也是已經出版了兩本書的他，
目前計畫寫成第三本書的內容主題。

故事書最後一頁那個「幸福快樂的日子」，沒有制式的標準答案，但不會缺少的是「樂趣」與「意義」，成熟的人生仍然可以探索新事物，找到新樂趣，持續為自己與周遭的人創造新的意義，這樣的成熟會與自我、與家人、與周遭產生一種共好的新關係，在全新的樂趣、意義與關係裡，一筆一劃的描繪出人生成熟階段，那個幸福快樂的日子。

能夠在 80 幾歲高齡還保持這樣旺盛的活動力，前提就是身體健康的支持，他是我所見一位每天會花 2 小時運動，隨時注意自己的飲食，並且持之以恆，貫徹健康觀念保養自己身體的長輩。也因為健康加持，所以他有動力去創造成熟以後的新生命，迎接各種可能性。

醫學突飛猛進，科技一日千里，健康地產將會讓愈來愈多人看見，只要找對環境，掌握了自己的健康，到了 70 歲、80 歲、90 歲都是生命裡值得享受的成熟期，過去累積的一切，在成熟期將會一起開花結果。

從賦能到復能
什麼樣的活動 才讓你更健康？

　　在本書前面的篇章裡，我們非常重視這個觀念，健康地產最大的價值之一，在於它為入住者所創造的健康生活。要能夠享受健康，硬體與軟體條件都不可缺乏，硬體條件是好的自然環境，而軟體條件呢？就是規劃良好的活動。如何提供適宜且多樣的活動，為入住者塑造出維持健康，促進健康的良好生活型態，這是健康地產的軟體價值。

　　對於活動的規劃，最重要的是觀念必須先進，而這個先進來自於專業，從認知心理學、腦神經科學、快樂學、遊戲理論、運動醫學等等不同領域的專業整合，國際上對於高端健康地產活動規劃剛進行完一波觀念的躍升，這有點像是「總舖師」與「開小灶」的差別，用的是一樣的食材，做的是一樣的手路菜，但其中滋味卻大不相同。對於健康地產來說，每一個活動都是一次促進健康的機會，儘管活動必須在地化，貼近生活與社會，但是總舖師級的專業導入，會讓看似相同的活動具有更好的健康促進效果。

　　瑜伽、太極、麻將、茶道、歌唱、踏青、棋藝、舞蹈、繪畫、小旅行……，不管是哪一種活動型態，重點在於活

動規劃時是否將身體、腦部與情感的健康促進因子包含在內。良好的活動設計必須讓過程中充滿正向情緒（導入快樂學的激勵因子），鼓勵自發性的主動參與（對增加腦神經連結最有效果），沒有心理負擔的探索新領域（保持對於世界的好奇感），充滿想像力的持續學習（由不斷的體驗到認知的重塑），這會讓參與活動的人得到對外在世界的「我能感」（mastery feeling），覺得自己今天比昨天更好，得到了新的能力，更樂於接觸外在環境，為人生解鎖更多的美好。

賦能（Empowerment）是由內而外的年輕

　　歸納美國、日本、歐洲的實證經驗，從全人健康出發，賦能是由內向外的「年輕」，探索之前還未體驗過的世界，激發並善用自己的創造力與想像力，斜槓當年沒能嘗試的人生，這會給大腦與年輕時相同的刺激訊號，讓大腦忘記自己的實際年齡，開始像年輕的時候一樣運作（最新的腦神經科學已經指出，儘管記憶功能會隨著年齡漸衰，但是終其一生，人的大腦可以一直保持進步的步伐，直到沒有新的刺激產生。），這樣的認知會同步影響人的心理狀態與身體狀態，在歐洲的一項著名實驗中，當高齡者

賦能 Empowerment 從內而外的年輕

OUTRO

社會連結　身體 行為性活動　腦部 認知性活動　心理 情感性活動　全人健康

INTRO

復能 Reablement 從外而內的不老

與一群年輕人居住在一起，不僅他的大腦運動、肌肉強度都從年齡平均值逐漸往年輕人靠攏，甚至對必須吃藥控制的慢性病都產生了抑制效果。

這就是所謂的賦能（Empowerment），正如其字面上的意思，就是將能力（Power）注入（in = em）身體裡。賦能是 1990 年代心理健康專業發展出來的重要概念，在諮商學中賦能被認定為「注入一種信念，滋養自己能力或潛力，並且協助自己或他人達到生活目標，發展正向積極並且令人滿意的生活型態」。

從賦能的定義可以看見這個由內而外的路徑，從個人（更好的人生）走向社會（更好的社群連結與影響力），賦能同時也是一種能量的創造，有經驗的健康地產規劃者，能夠將活動運作得很好，透過不斷地練習，

會達到學者 Granville Stanley Hall
所提出的「重複演化」（Recapitulation），
大腦與身體會迅速的在重複中做得更好，對心
理狀態產生更大更穩定的激勵效果，讓人感覺到更有樂
趣、更放鬆，同時又更有成就感，這就會讓一種新的人生意義誕
生出來。而重複累積的能量會帶來新的影響力，由內而外，影響
一個人的社群關係、社會連結，創造更好的人際（親子、朋友、
家族、團體）關係。

透過賦能與復能，創造更好的人際關係。

認知性活動

腦部

記憶力、注意力、學習力、神經
迴路活化、感官中樞、身體控制

知性活動
音樂會、閱讀、藝文表演、語文研
習、觀展、接收新知

學習類活動
樂器、舞蹈、烘焙、插花、音樂、
手做課程、陶藝、棋藝、繪畫、攝
影、青銀共學

藝術治療
園藝治療、音樂治療、繪畫治療、
雕塑治療、敘事治療（例如懷舊類
型活動）

感官刺激活動
視覺、聽覺、味覺、觸覺、嗅覺的
刺激，帶來感覺統合的新體驗（例
如旅遊類型活動）

認知規劃活動
強化注意力、記憶力、邏輯
能力、思考能力、數字及物
體辨識力的活動

情感性活動

心理

壓力、焦慮、幸福感、
自我價值、人際關係、
環境適應、親密關係

娛樂活動
調酒品酒、影劇欣賞、咖啡品飲、
樂器演奏、唱歌、寵物、茶道等
興趣類型活動

創作類活動
音樂創作、繪畫創作、雕塑創
作、歌曲創作、文字創作、
影像創作等

社交活動
薪酬代幣賺取、服務時間銀
行、養生市集、社群團體、宗教活
動、訪友、社會服務、社區志工

節慶類活動
生日、紀念日、家族朋友聚會、不
同節期之活動

行為性活動

身體

人體主要器官功能、血液循環、
肌肉能力

運動類活動
高爾夫球、健走、游泳、體適能、
爬山、瑜珈、健身房

休閒活動
旅遊、踏青、露營、釣魚、園藝、
有機栽培

日常性活動
購物採買、家務整理、
環境清潔、食物烹調

復能（Reablement）
是由外而內的不老

　　健康地產裡可以隨著入住者的不同屬性與不同需要，在不同時節創造各式各樣，五花八門的休閒活動，但是回到高齡健康的觀點，這些活動都萬變不離其宗，必須達成 3 個方面的復能（Reablement），行為性活動對「身體」復能產生幫助，認知性活動對「腦部」復能帶來益處，情感性活動對「心理」復能有效果。當然，有些活動可能涵括不只一個方面的好處，在身體、腦部、心理 3 方面都有大小不一的復能效果。

　　復能的路徑是由外（環境）而內（個體），從身體、腦部到心理，重新恢復一個人的能力，讓他的日子可以天天過得美好。由外而內的路徑所指的是，是否擁有一個良好的生活環境，與是否讓人得到恢復健康的能力息息相關，這裡再次讓我們看見，健康居住與自然環境密不可分的關係。

「復能」是什麼？

2016 年國際高齡聯盟提出，除了對於高齡者的歧視，「缺乏支持性環境」是阻礙高齡者充分發揮潛能的主要障礙，因此呼籲各國高齡照護政策應該著重規劃一個支持性、再次使能(enabling) 的環境，讓高齡者能夠「自在地去做想做的活動（to enable people to be and to do what they have reasons to value）」，健康地產就市要提供一個環境，讓長者能夠再度執行他認為有價值的活動，達到最佳功能的狀態，這樣的理念就是「復能(reablement)」。換言之，「復能」就是在個人有限的「內在能力」下，協助他把「功能性能力」最大化，並應用到他認為重要的生活事物上。

終身學習，享受人生的二次美好。

多目標連續性活動

　　而在不斷地賦能與復能流轉中，活動就能讓入住者進入內在與外在持續優化的良性循環。

　　綜觀日本高級健康地產的活動規劃，就可以看出從賦能到復能的「多目標」與「連續性」思維，這是健康地產的精髓，非常值得大家來學習。多目標指的是一項活動可以達成多重目標，而連續性指的是一項活

動持續的深化。舉例來說，日本以億元保證金入住的高級健康地產會定期邀請外界專業的交響樂團來專場演出，來到這裡的聽眾沒有人漫不經心，個個全神貫注，仔細聆聽每一個音符。為什麼呢？因為這不是一場單純兩小時就結束的音樂賞析活動，早在此之前，健康地產的長者們透過樂器學習相同的曲目，組成園區內的小樂團，並且已經和來表演的交響樂團約好將舉辦兩場合奏演出，而這個音樂交流的發表一場在園區內，一場在市府表演廳正式演出，這不但拉近了園區裡音樂愛好者的社群連結，並且讓他們以一個業餘樂團的身份重新進入社區，並且，長輩的演出當然也是家族盛事，家人就是最好的應援團，阿公彈奏的歌曲是知名動漫電影的主題曲，這也讓祖孫之間有了新話題，讓孫子輩們看到一個樂在音樂，不退流行的阿公，看望長者不再被視為無聊的苦差事，創造出一種更好的家族新關係。

原本只是一堂單純的音樂學習課，多目標的導入，讓參與者從身體的手耳協調、增進腦部認知的藝術治療，到創造出期待與成就感的心理狀態，而連續性的活動安排，業餘樂團的新身份，讓大腦增加了新的刺激，必須與專業樂團合奏的公演，讓人生多扮演一種角色，而這個新角色的介入不僅帶來意義與樂趣，同時也和家人、朋友、社區之間展開一種新關係。這就是加入賦能的設計理念後，活動所能創造與累積的正面能量。

2021 健康地產新趨勢

健康地產新趨勢 . 2021 / 彭培業著 . ——

臺北市 : 商周編輯顧問 , 2020.10

　面 ；　公分

ISBN 978-986-7877-44-4(平裝)

1. 不動產業

554.89　109015674

作　　　者　彭培業

專案經理人　董育君

主　　　編　段芊卉

美 術 設 計　林柏毅、張堃宇、江宜珠

出 版 單 位　商周編輯顧問股份有限公司

網　　　址　bwc.businessweekly.com.tw

地　　　址　台北市中山區民生東路二段 141 號 6 樓

電　　　話　(02)2505-6789 分機 5531

傳　　　真　(02)2500-1932

出 版 日 期　2020 年 10 月

定　　　價　新台幣 320 元整

ISBN　978-986-7877-44-4